新编21世纪高等职业教育精品教材

电子商务类

U0874028

Design and Making of the E-commerce Homepage

# 商务网页设计与制作

主　编◎沈　烂

副主编◎聂爽爽　谢胡林

中国人民大学出版社

·北京·

# 前 言

近年来，随着我国电子商务的迅速发展，电子商务相关岗位人才供不应求，而符合企业需求、具有较强实践操作能力、能够尽快适应岗位，并且符合行业发展的人才更是一才难求。为了适应行业发展需要，绍兴职业技术学院电子商务专业在核心课程中率先开展使用自编教材和自编实训教程。近几年，我们在教学中积极探索和改革商务网页设计与制作课程，将企业真实项目引入课堂教学。

本教材的核心是培养学生的职业能力，以项目为导向，以工作模块为框架，根据高职院校学生的认知规律和特点，确定了教学任务和项目。通过任务引领的项目活动，掌握电子商务网页设计与制作的技能。

本教材以工作过程的思路进行设计，注重实战操作、可持续发展的职业技能提升和职业迁移能力。本教材的编写非常注意理论联系实际，注重职业技能培养，突显任务驱动、主题教学、案例教学、工学一体化等教学改革特点。项目内容包含真实的企业或政府合作项目、真实的社会服务案例。通过本教材的学习，学生不仅能学习商务网页设计与制作的相关知识，也可以按照项目内容进行网页设计、网页制作、网站制作、店铺装修设计等。

针对本课程的教学改革，主要采用“四段式”教学法，它是指任务引导、任务实施、任务分析、任务点评或拓展四个方面。同时为了解决高职该课程理论性教学与实践性教学之间严重脱节的问题，本教材引入了双轨双导理念，实现了学生所学理论与企业实践所需有机结合、优势互补，节约了教育与企业成本，是一种“双赢”模式。最终实现了企业参与课程建设，让企业师父成为学生学习过程中的职业导师，真正实现校企的全面合作。这样的课堂教学改革能大大提升本教材的课堂教学效果，从而为学生自主完成实训任务等提供参考。

编者

2022 年 1 月 20 日

# 目　录

# 项目一 认识电子商务网站

## 项目简介

通过分析同类型的优秀电子商务网站页面，有助于学生迅速提高网页设计水平和激发学习兴趣。通过对优秀电子商务网站页面的分析，可以形象化理解网页的版面设计、色彩搭配、网页元素、导航设计等。通过确定网站的主题来规划网站、搜集素材，使单个页面构成风格统一的网站。

## 能力目标

（1）分析电子商务网站的基本组成。

（2）分析电子商务网站的风格和布局。

（3）编写简易的电子商务网站赏析报告。

（4）模仿电子商务网站进行网站的简单规划设计。

## 知识目标

（1）网页基础知识。

（2）网页的基本构成。

（3）网站的构成和风格设置。

（4）网页布局的常用结构。

（5）网站的规划原理。

# 任务一　赏析电子商务网站

## 任务引导

本任务目标是通过浏览“浙江华丰管业”网页来分析其页面布局、导航条目设计、色彩搭配等，以便为同类型企业规划设计网站。

## 任务实施

浙江华丰管业是浙江杭州一家集研发、生产、销售、服务于一体，生产各类塑料电缆保护管、通信管、给（排）水管、玻璃钢给（排）水管等，国内最大的地下直埋管专业生产基地之一，网址为“http://zjhfgy.com/”，其网站主页如图 1-1 所示。

图 1-1　浙江华丰管业首页

其网站主页采用了“同字形”的页面布局设计，顶部区域为企业的 Logo、导航条和 Banner。整体颜色风格为蓝色、浅蓝色和灰色，色调风格清新简约，同时与 Banner 广告中的背景色呼应。

导航条类目设计主要由指示主页的“首页”、介绍企业的“关于华丰”、展示新闻的“新闻中心”、展示产品的“产品中心”、体现服务的“销售网络”“服务与支持”“公司资质”、体现联系方式的“联系我们”以及人才招聘的“人力资源”组成。

另外，在公司 Logo 栏目右侧的醒目位置展示了公司的微博号、博客号以及服务热线，体现了公司服务客户的理念和宗旨。

在 Banner 下面的左侧是新闻中心，中间是企业宣传视频，右侧是华丰报刊、媒体宣传等。在底部区域是联系方式和版权信息，以及栏目快速导航等。

## 任务分析

该类型网站包含贸易类公司网站也是电子商务网站设计中经常遇到的。现阶段的该类网站布局常见用于“同字形”和“拐角形”。整体网站风格颜色多采用公司的标准色、Logo 的颜色以及和企业主题相关的颜色，或者是蓝、灰等体现商务风格简约的色调。

网站导航条的设计基本决定了该网站的二级页面栏目分类，该类型企业网站常见公有栏目有：指示主页的“首页”，介绍企业的“关于公司”，展示新闻的“新闻中心”，展示产品的“产品中心”，体现服务的“销售网络”“服务与支持”“公司资质”，体现联系方式的“联系我们”以及人力资源的“加入我们”。

Banner 现在逐渐变成首页中起主要修饰作用的模块，主要由动态动画或静态图像组成，大小也在逐渐变大，更为醒目。该修饰图像主要由图像素材和文字组成。一般常见素材有修饰企业产品、企业建筑、企业人员、企业工程项目、和主题有关的修饰图像、说明资质的图标等。文字主要由企业文化、宣传口号、产品描述等构成。

主体部分主要是各栏目具体信息。底部常见的是版权信息、友情链接、企业联系方式、说明性信息等。二级页面为了保持整个网站的风格，往往只在主体部分保持不同。当然也有一些例外，如服装、汽车等制造业企业网站，则更注重网站的展示功能，以大量的修饰动画、图片素材修饰为主。

扫一扫

视频：电子商务网站结构分析

### 一、网站

网站是一个在网络服务器上存储完整信息的集合体。它包含一个或多个网页，这些网页以一定的方式链接在一起，成为一个整体。网站就是由一系列围绕同一主题、同一风格的网页组成的。网站具体的内容就是网页，访问网站就是通过网页浏览器来获取该网站的资源信息或者网络服务。网站中的网页一般包括静态网页和动态网页两种形式。

## 二、网页

网页实际上是一个文件，网页里可以有文字、图像、声音及视频信息等。网页是构成网站的基本元素，是承载各种网站应用的平台。主页英文为“Home Page”，是一个特殊的网页。

## 三、首页

首页和一般网页一样，可以存放各种信息，同时又是一个特殊的网页，可以作为整个网站的起始点和汇总点。图 1-2 为浙江华丰管业首页。

图 1-2　浙江华丰管业首页

## 四、电子商务网页界面构成

网页的界面只包含内置元素，而不包含窗体元素。以内容来划分，一般的网页界面包括网站 Logo、导航栏、Banner、内容栏和版尾五部分。

扫一扫

视频：网站对企业的重要性

（1）网站 Logo：网站 Logo 是整个网站对外唯一的标志，是网站商标和品牌的图形表现。

（2）导航栏：导航栏是索引网站内容、帮助用户快速访问所需内容的辅助工具。根据网站内容，一个网页可以设置多个导航栏。

（3）Banner：Banner 的中文意思为旗帜或网幅，是一种可以由文本、图像和动画相结合而生成的网页栏目。Banner 的主要作用是显示网站的各种广告。

（4）内容栏：内容栏是网页内容的主体，通常可以由一个或多个子栏组成，包含网页提供的所有信息和服务项目。

（5）版尾：版尾是整个网页的收尾部分。在这部分内容中，可以声明网页的版权、法律依据以及为用户提供各种提示信息等。

## 五、电子商务网页的基本构成元素

（1）文本：网页内容是网站的灵魂，网页中的信息以文本为主。

（2）图像：图像在网页中具有提供信息、展示形象、装饰网页、表达个人情趣和风格的作用。

（3）超链接：超链接是指从一个网页指向一个目标的链接关系，这个目标可以是另一个网页，也可以是相同网页上的不同位置，还可以是一张图片、一个电子邮件地址、一个文件，甚至是一个应用程序。

（4）动画：动画具有很强的视觉冲击力和听觉冲击力，可以有效地吸引浏览者的注意力。

（5）声音与视频：声音和视频是多媒体网页的重要组成部分。用于网络的声音文件的格式非常多，常用的有 MIDI、WAV、MP3 和 AIF 等。视频文件的格式也非常多，常见的有 ASF、WMV、RM 等。

（6）表格：通常使用表格来控制网页中信息的布局方式。

（7）表单：表单是网页中实现交互功能的主要元素。网页中的表单通常用来接收浏览者在浏览器端的输入，然后将这些信息发送到设计者设置的目标端。

## 任务拓展

# 一、电子商务网页的风格和布局

扫一扫

视频：网页和网站

### 1. 网页的风格

在对网页插入各种元素、修饰效果之前，要先确定网页的风格。网页的风格是指网站给浏览者的整体形象，包括站点的 CI（标志、色彩和字体）、版面布局、浏览方式、交互性、文字、内容及网站荣誉等诸多因素。

### 2. 商业网页和个人网页

根据不同的网页风格，可以将网页分成商业网页和个人网页。商业网页内容丰富、信息量大，一般都有统一的布局设计。个人网页风格多样、内容专一、形式灵活，更容易创造出美感。

### 3. T 字形布局模式

这种布局比较常见，就是上面是页头横条，一般会有网站 Logo+ 一个 Banner 广告条，横条下面左侧是导航菜单或其他，右侧是网站的主要内容。整体上类似英文字体“T”，因此被称为“T”字形布局。如图 1-3 所示。

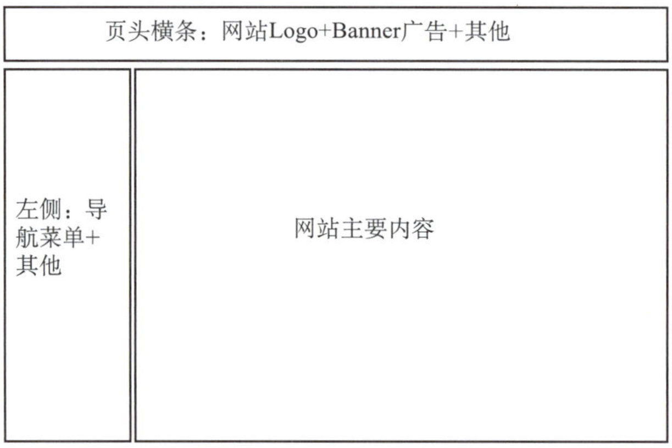


图 1-3　T 形布局的简化示意图

### 4.“国”字形布局模式

这是一个形象的说法，就是指页面上下各有一个广告条，左侧是主菜单，右侧是友情链接等，中间是主要内容（见图 1-4）。这种布局的优点是页面充实、内容丰富、信息量大，是综合性网站常用的版式。

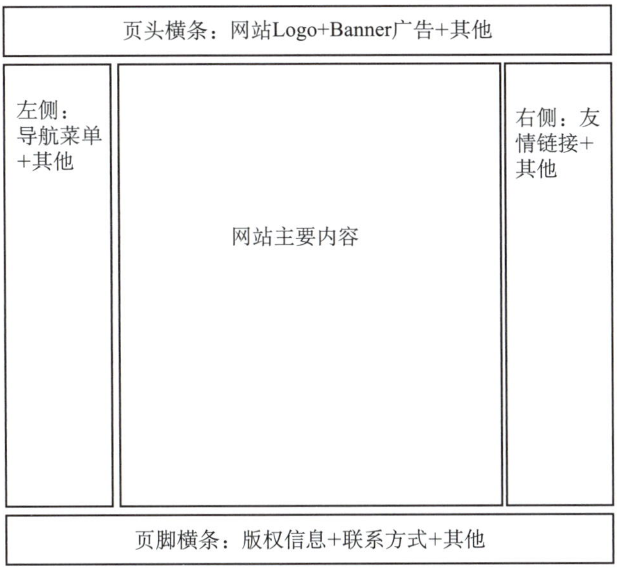


图 1-4 “国”字形布局的简化示意图

## 二、网页方案设计技巧

在网络信息的虚拟世界里，互联网提供了天下大同的机会，同时也让这个虚拟世界充斥着数不清的商业站点。因此要想使你的网站从数不清的站点中脱颖而出，就必须对整个站点做好统筹安排、规划，对所有的内容进行斟酌，把所有的意念合情合理地组织起来，设计一个合理的页面样式。下面提几点网页方案设计技巧。

### 1. 重点信息放在醒目的位置，整个网站空间排序适当

一个网站很重要的就是标题，标题就像路牌一样，用户在浏览网站时，全靠它指路。因此标题要意义清晰、描述性强，把最吸引人的地方放在醒目的位置，然后再慢慢展开。

另外可以留出可调整的位置，满足用户临时性或短期营销活动的宣传需要。在每屏中，文字与图形的布局既要考虑到重点的突出，还要给人以和谐的感觉。不能让图形淹没文字，也不能因图形太少而让人觉得单调。视觉的吸引和诱惑力是不能低估的。

### 2. 网页易读，控制好模块的信息量

网页设计最重要的诀窍是网页要易读。这就意味着设计师必须花点心思来规划文字与背景颜色的搭配方案。注意不要让背景的颜色冲淡了文字的视觉效果。一般来说，浅色背

景配深色文字为佳。

这个原则也意味着不能把文字的规格设置得太小，也不能太大。文字太小，浏览者读起来难受；文字太大，或者文字视觉效果变化频繁，像是冲着人大喊大叫，看起来不舒服。另外，最好让文本左对齐，而不是居中。按当代中文的阅读习惯，文本大都是居左的。当然，标题一般应该居中，因为这符合读者的阅读习惯。

#### 3. 网页页面越小越好，最好别超过 50KB，尽量精简

有研究显示，如果一个网站页面的主体在 15 秒之内显示不出来，访客会很快失去对该网站的兴趣。当然，也有例外，比如内容实在太精彩，不去不行。

#### 4. 网站导航要清晰，容易查找

所有的超链接应清晰无误地为读者标识出来，所有导航性质的设置，像图像按钮，都要有清晰的标识，让读者看得明白，千万别光顾视觉效果的热闹，而让读者不知东南西北。

链接的文本颜色最好选用约定俗成的：未访问的为蓝色，点击过的为紫色或栗色。

### 任务实训

规划设计一个个人主页。

## 任务二　赏析电子商务商城网站

### 任务引导

分析电子商务商城网站的不同，主要通过京东、亚马逊和淘宝网等网站分析比较。

### 任务实施

### 一、京东

京东的版面布局大致是“同字形”或者“左拐角形”结构。色调为喜庆的红色。京东

的顶端部分由网站、导航条以及方便访问者搜索相关信息的搜索栏构成。中间主体部分是商品促销信息区，由自动轮换的促销活动图像或者动画组成。在主体部分右边列表中，常设置相关的畅销排行榜、特卖活动信息、品牌直通车等。在底部，除了常见的网上购物商城版权信息等，还有“购物指南”“配送方式”“支付方式”“售后服务”等解决访问者购物疑问的栏目信息（见图 1-5）。

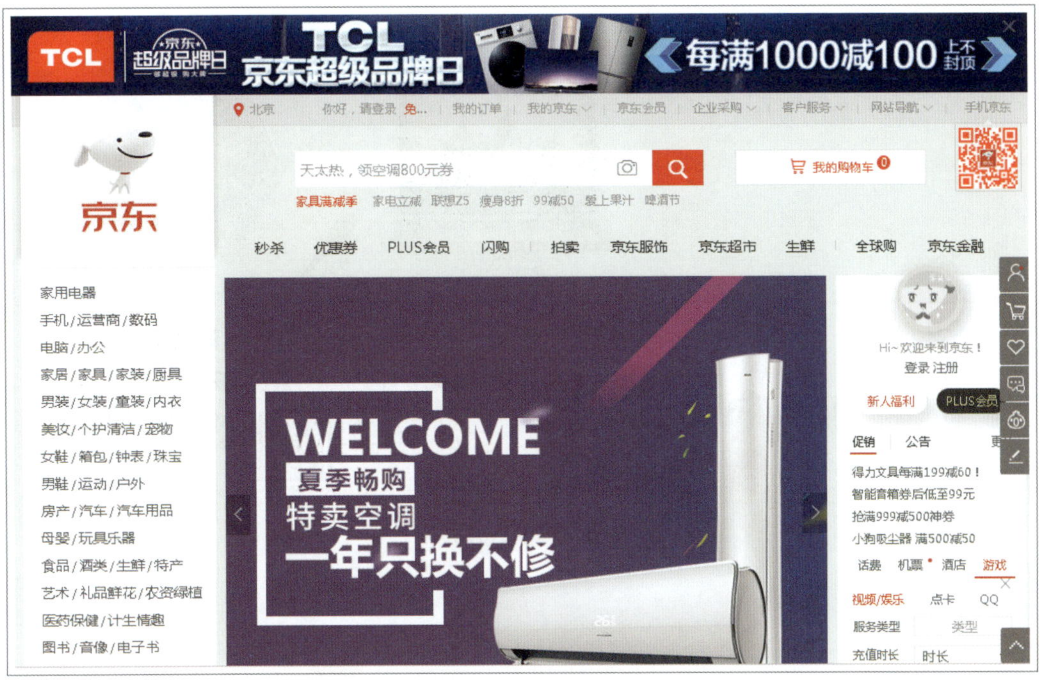

图 1-5　京东首页

## 二、亚马逊

亚马逊的布局结构和京东类似，便于消费者查找的搜索栏也放在页面顶部导航栏上方或者下方的显著位置，“购物车”也会放置在右侧顶部显著的位置。主体部分从左到右依次为分类列表区、相关信息动态区、促销宣传区、橱窗展示区等。在主页底部，有常见的“购物资讯”“支付方式”“帮助和购物指南”等栏目。二级页面包括主商品的介绍、规格、用户评价等（见图 1-6）。

## 三、淘宝网

淘宝网和传统网上商城不一样，它更像一个为商品提供在线交易的平台，但整体结构还是和商城相近。淘宝网由于商品众多，分类工作是重中之重，除了左侧分类列表区进行初步分类外，更为详细的商品分类列表占据了页面主体的主要部分，取代了其他商城网站常见的橱窗展示区（见图 1-7）。

图 1-6　亚马逊首页

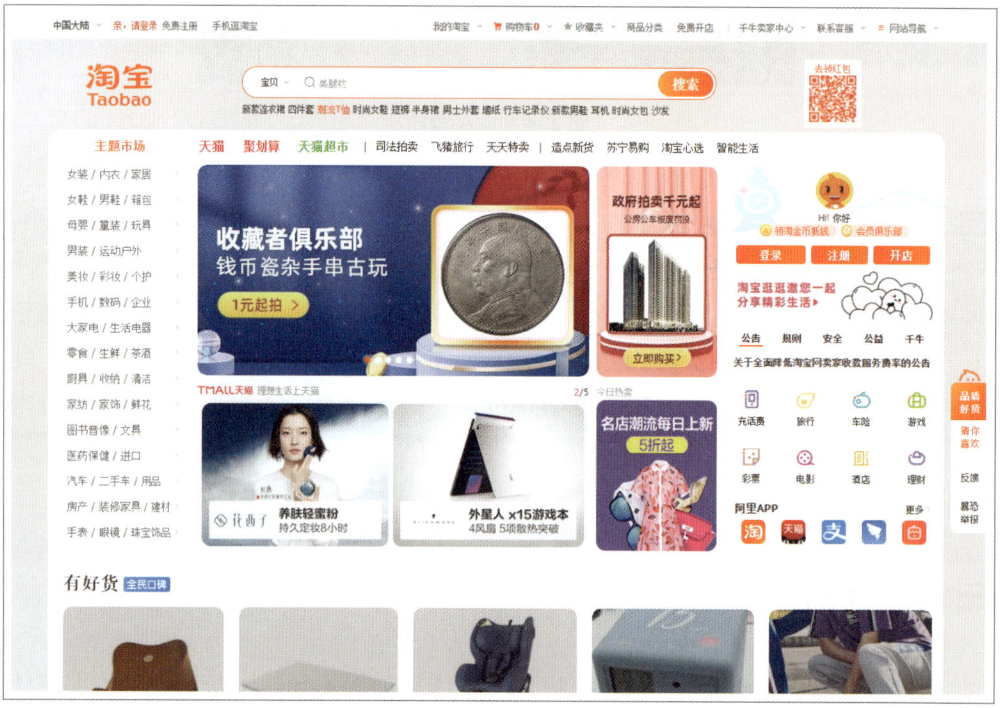


图 1-7　淘宝网首页

淘宝网中某件商品的二级页面和商城商品的二级页面类似。淘宝网除了这样的二级页面外，还不断生成以某个主题汇集起来的各类相关商品的促销活动推广页面。这类页面的数量和更新速度均要远远高于京东、苏宁易购等类似的商城网站。

## 任务分析

### 一、网上购物商城布局分析

（1）网上购物商城最主要的特色是在主页会有很大篇幅来显示分类列表，一般位于主体部分的左侧边栏。有些商城类目非常丰富，如淘宝网，分类列表则占用主体部分的主要位置。分类列表的作用如同传统商场中的导购牌，将购物商场中的商品分门别类，这样可以方便访问者找到需要的商品。

（2）网站的布局因为和分类列表区域结合，也大多采用“左拐角形”布局，主页的中间是活动促销信息，下面往往是橱窗展示区，而在底部则是该网站的问题解答。

（3）商城网站的二级页面一般是具体某样商品的描述页面，结构和主页类似，首先是该商品的多个展示图片，然后图的右侧是该商品的名称、规格、运费、价格、付款方式等，之后是“加入购物车”“立刻购买”和“加入收藏”等处理该商品方式的按钮。商品下面往往带有商品评价等内容。

（4）商城页面的底部一般是常见问答、友情链接、网站版权、备案等信息。

### 二、网站建设的基本原则

（1）品牌性原则：为客户提供有价值的产品和服务，充分体现企业的品牌优势。

（2）功能性原则：建立适合企业自身需求的网络平台，提供广泛的适合一般用户需求的功能。

（3）实用性原则：作为企业商业运作的一个重要组成部分，服务于企业文化。

### 三、策划网站建设

（1）网站策划在网站建设前期，要进行市场分析，然后总结形成书面报告，即网站策划书。

（2）根据行业定位分析客户的所属行业是很重要的，一般会依据所属行业大体来定位网站的风格。

（3）色调是指一幅作品色彩的基本倾向。

（4）每个行业、每个客户都有自己的喜好与偏爱，网页风格是指站点的整体形象给浏览者的综合感受。

（5）网站导航是将网站的层次结构以一种有条理的方式清晰展示，让用户在浏览网站过程中不至于迷失。

## 任务拓展

### 一、网站设计与制作的三个阶段

第一阶段，网站规划。主要包含确定网站主题、搜集网站材料和规划网站结构。

第二阶段，网站制作。主要包含网站制作过程、测试评估及将网站正式上传。

第三阶段，后期维护。主要包含网站的推广和营销，以及对网站的维护和对内容的更新。

### 二、网站规划书的主要内容

一个网站设计是否成功与建站前的规划有着极为重要的关系。网站规划是指在网站建设前对目标市场进行分析，确定网站的主题和功能，并根据需要对网站建设中的布局、技术、内容、费用、测试和维护等做出规划。

（1）需求分析：建站前的市场分析；自身分析；竞争者分析。

（2）网站主题及功能定位：网站的主题；网站的功能。

（3）网站内容规划：栏目规划；功能设计。

（4）网页设计：美术设计；页面布局。

（5）网站技术解决方案：服务器；操作系统；系统解决方案；安全措施；程序开发。

（6）网站测试。

（7）网站发布与推广。

（8）网站更新与维护。

（9）网站建设日程表。

（10）费用明细。

以上为网站规划书中常见的主要内容，可以根据不同的需求和建站主题对内容进行相应的增加或减少。

## 任务实训

分析“必胜客宅急送”网站，网站主页效果图如图 1-8 所示。尝试将其与前面所列举的电子商务平台类型网站进行比较，列出“必胜客宅急送”网站的特色。

图 1-8　必胜客宅急送首页

# 项目二 HTML语言基础模块

## 项目简介

通过对项目二的学习，能掌握HTML语言基础知识，了解电子商务网页基本结构。在具体实施网页制作之前，先学习了解HTML语言的语法规则与基础知识，为后续的网店装修与页面制作打下基础。

## 能力目标

（1）利用HTML语言制作简单的网页。

（2）通过修改HTML代码实现对网页的修改。

## 知识目标

（1）HTML语言的基本结构。

（2）HTML语言中标识语句的格式和用法。

# 任务一　HTML语言基本知识

## 任务引导

本任务目标是用文本工具手工编写一个简单的 HTML 网页，来初步了解 HTML 的基本结构。

## 任务实施

### 一、打开文本工具

执行“开始”→“程序”→“附件”→“记事本”命令，打开一个记事本；或者通过单击鼠标右键，在弹出的快捷菜单中选择“新建”选项，在列表中选择“文本文档”，新建一个文本文档并通过双击鼠标将其打开。

### 二、输入 HTML 源代码

在文本窗口中输入以下 HTML 源代码：

```
<html>
  <head>
    <title> 页面标题 </title>
  </head>
  <body>
    <h1> 我的第一个标题 </h1>
    <p> 我的第一个段落。</p>
  </body>
</html>
```

## 三、保存为网页文件

执行“文件”→“另存为”命令，在弹出的对话框中选择存放位置，在“文件名”后的文本框中输入“1.html”，然后单击“保存”按钮，完成保存为网页文件的操作。

## 四、打开网页

打开保存为网页文件所在的文件夹，双击“1.html”文件，显示效果图如图 2-1 所示。

图 **2-1**　预览效果图

## 五、查看网页源代码

通过浏览器打开的网页，可以通过执行“查看”→“源文件”命令，打开该页面的网页源代码，如图 2-2 所示。

图 **2-2**　代码视图

## 任务分析

### 一、HTML 语言

HTML（Hyper Text Markup Language）语言即超文本标记语言或超文本链接标示语言，是目前网络上应用最广泛的语言，也是构成网页文档的主要语言。设计 HTML 语言的目的是把存放在一台电脑中的文本或图形与另一台电脑中的文本或图形方便地联系在一起，形成有机的整体。人们不用考虑具体信息是在当前电脑上还是在网络的其他电脑上，只需使用鼠标在某一文档中点取一个图标，就会马上转到与此图标相关的内容上去，而这些信息可能存放在网络的另一台电脑中。HTML 文本是由 HTML 命令组成的描述性文本，HTML 命令可以说明文字、图形、动画、声音、表格、链接等。HTML 的结构包括头部（Head）、主体（Body）两大部分，其中头部描述浏览器所需的信息，而主体则包含所要说明的具体内容。

具体来说，HTML 具有以下特征：

- HTML 是用来描述网页的一种语言。
- HTML 指的是超文本标记语言：Hyper Text Markup Language。
- HTML 不是一种编程语言，而是一种标记语言。
- 标记语言是一套标记标签（markup tag）。
- HTML 使用标记标签来描述网页。
- HTML 文档包含 HTML 标签及文本内容。
- HTML 文档也叫作 web 页面。

### 二、HTML 标签

- HTML 标记标签通常被称为 HTML 标签（HTML tag）；
- HTML 标签是由尖括号包围的关键词，比如 <html>；
- HTML 标签通常是成对出现的，比如 <b> 和 </b>；
- 标签对中的第一个标签是开始标签，第二个标签是结束标签；
- 开始标签和结束标签也被称为开放标签和闭合标签；
- 一般的格式为 < 标签 > 内容 </ 标签 >。

## 三、HTML 语法

HTML 是由标记、属性和注释标签构成的，一起用来描述需要表现在网页上的各种元素。

扫一扫

视频：HTML 语言基础

### 1. 标签

标签是由相应的英文嵌在“< >”内构成，如 <html>、<head>、<body> 等。“< >”是标签不可或缺的一部分。

标签有开始标签和结束标签之分。开始标签由 < 标签名 > 组成，如 <head>；结束标签由 </ 标签名 > 组成，如 </head>。

标签还分单标签和双标签。

（1）单标签：只有一个开始标签，用于说明一次性的指令，如 <br>、<hr> 等标签。

（2）双标签：由开始标签和结束标签两部分构成，需要成对出现，如 <title>…</title>、<font>…</font> 等标签。

### 2. 属性

扫一扫

视频：字体设置

很多标签还拥有属性，用这些属性来进一步描述该标签的作用。属性必须放在开始标签中。一个标签可以有多个属性项，各属性项的次序没有限定，各属性之间用空格分隔。以下是插入一个水平线的标记，其中有 width（宽度）、size（高度）、color（颜色）三个属性。

```
<HR width="100%" size="3px" color="#FF0000">
```

### 3. 注释标签

在 HTML 中，可以使用 <!- - …- -> 标签对文档进行注释，从而使 HTML 源代码更易于阅读和理解。注释标签可以放在 HTML 中的任何地方，注释的内容在浏览器中是不显示的。

HTML 文档（即网页）主要由文档头部和文档主体两部分组成。所有 HTML 文档内容则分别嵌套在头部和主体的标签对之间。一个最基本的 HTML 网页代码如下：

```
<html>
<head>
<!-- 网页头部内容 -->
</head>
<body>
```

```
<!-- 网页主体内容 -->
</body>
</html>
```

头部标签 <head> 主要包括文档的一些基本说明信息，如文档标题、META 信息等，若不需头部信息，则可省略头部标签。另外，后面将会提到 JavaScript 特效、CSS 样式，一般也定义在头部标签中。头部标签的常用标记是 <title> 和 <meta>。

<title> 标题标签，只能在 <head> 标签内出现。<title> 标签对嵌套的内容通常可以在浏览器的标题栏中显示。当把页面加入收藏夹或书签列表时，显示的名称就是 <title> 标签对嵌套的内容。

扫一扫

视频：水平线、对齐方式、标题

## 任务拓展

<meta> 提供有关页面的元信息（meta-information），在一个页面的头部中可以有多个 <meta> 标记。常见功能如下：

### 一、帮助页面被各大搜索引擎收录

主要就是通过对 Keywords（关键字）和 Description（网站内容描述）的设置，来帮助你的主页被各大搜索引擎收录，提高网站的访问量。例如：

```
<meta name="description" content="IKEA 宜家家居是来自瑞典的全球最大的家具和家居用品零售商。访问宜家官网，获取 9000 多种产品的详细信息以及源源不断的家居灵感。" />
<meta name="keywords" content="IKEA，宜家家居官网－提供客厅，卧室，厨房，各类家居灵感和产品解决方案。" />
```

### 二、定义页面的使用语言

定义网页的使用语言是 <meta> 标记常见的功能，当浏览者访问网页时，浏览器会自动识别并设置网页中的语言。下面是一个最常见的运用：

```
<meta http-equiv="content-Type" content="text/html;charset=gb2312">
```

主体标记 <body> 不省略，表示页面主体内容的开始和结束，在网页中看到的页面内容均包含在这对标记之间。<body> 有多样属性可以设置，这些属性的作用范围为整个页面。常见属性有：bgcolor——背景颜色，background——背景图像，link——可链接文字的色彩，alink——正被单击的可链接文字的色彩，vlink——已经访问过的可链接文字的色彩，leftmargin——页面左边距，topmargin——页面上边距，rightmargin——页面右边距，

bottommargin——页面底边距。然而在实际运用中，这些 <body> 对应的“页面属性”一般是由后面将会介绍的 CSS 样式控制的，而不建议使用对 <body> 的属性定义来实现。

说明：HTML 文档的后缀“.html”和“.htm”没有区别，都可以使用。

## 三、<!DOCTYPE> 声明

<!DOCTYPE> 声明有助于浏览器中正确显示网页。

网络上有很多不同的文件，如果能够正确声明 HTML 的版本，浏览器就能正确显示网页内容。

该声明是不区分大小写的，以下方式均可：

```
<!DOCTYPE html>
<!DOCTYPE HTML>
<!doctype html>
<!Doctype Html>
```

## 任务实训

### HTML 语言编写

#### 一、实训目的

通过编写 HTML 代码，能够完成效果图网页的代码编写任务。能够利用 HTML 代码独立地完成效果设计。

#### 二、实训要求

能够根据效果图和实训要求，完成下面具体的网页效果图 2-3。

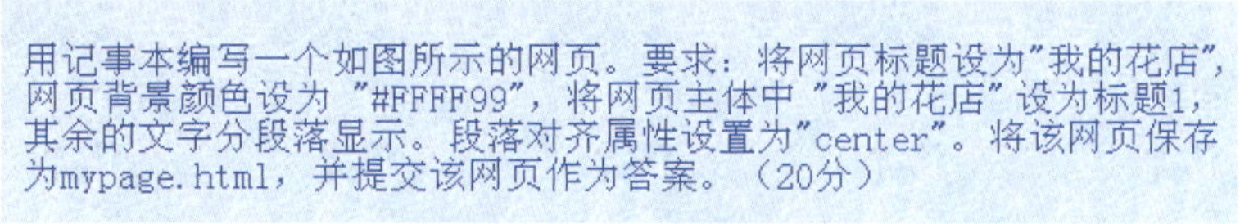
用记事本编写一个如图所示的网页。要求：将网页标题设为"我的花店"，网页背景颜色设为 "#FFFF99"，将网页主体中 "我的花店" 设为标题1，其余的文字分段落显示。段落对齐属性设置为"center"。将该网页保存为mypage.html，并提交该网页作为答案。（20分）

图 2-3　网页效果图

#### 三、实训内容

操作结果文件效果图如图 2-4 所示：

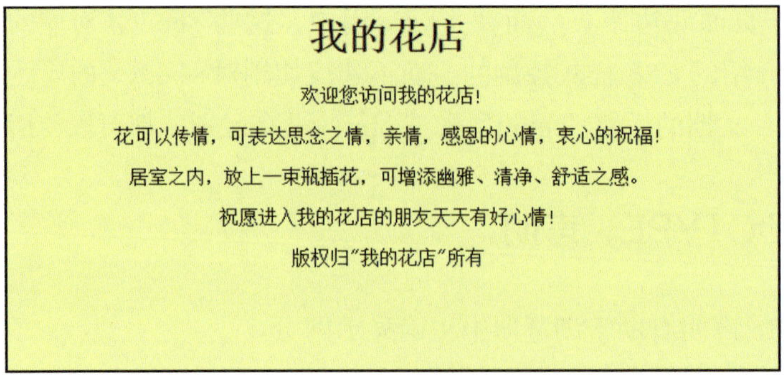


图 2-4　效果图

# 任务二　HTML标签和属性

## 任务引导

本任务目标是用文本工具手工编写网页，能够使用段落、水平线、字体等标签和相关属性。效果图如图 2-5 所示。

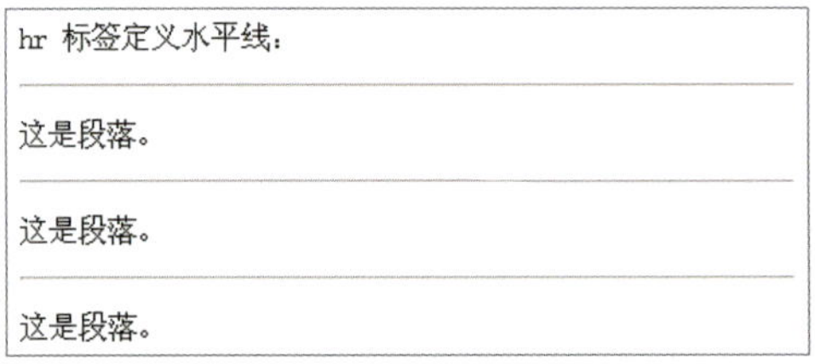


图 2-5　效果图

## 任务实施

### 一、打开文本工具

执行“开始”→“程序”→“附件”→“记事本”命令，打开一个记事本；或者通过单击鼠标右键，在弹出的快捷菜单中选择“新建”选项，在列表中再选择“文本文档”，新建一个文本文档并通过鼠标双击将其打开。

## 二、输入 HTML 源代码

在文本窗口中输入以下 HTML 源代码：

```
<html>
<head>
<title> 标签使用 </title>
</head>
<body>
<p> 这是一个段落。</p>
<hr>
<p> 这是一个段落。</p>
<hr>
<p> 这是一个段落。</p>
</body>
</html>
```

## 三、保存为网页文件

执行“文件”→“另存为”命令，在弹出的对话框中选择存放位置，在“文件名”后的文本框中输入“2.html”，然后单击“保存”按钮，完成保存为网页文件的操作。

## 四、打开网页

打开保存为网页文件所在的文件夹，双击“2.html”文件，显示效果图如图 2-6 所示。

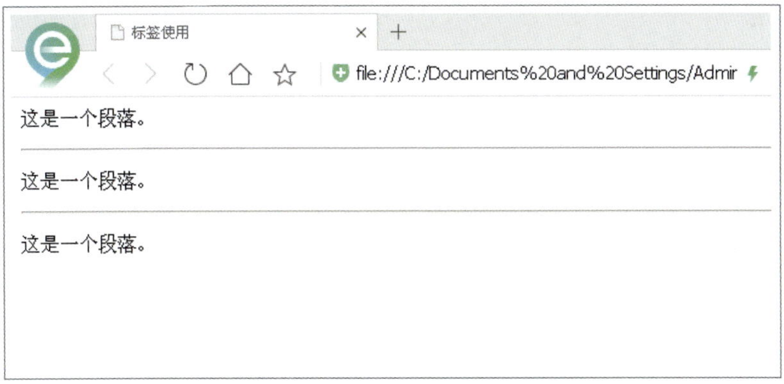


图 2-6　预览效果图

## 五、查看网页源代码

通过浏览器打开的网页，可以通过执行“查看”→“源文件”命令，打开该页面的网页源代码，如图 2-7 所示。

图 2-7　查看源代码

# 任务分析

## 一、HTML 元素

HTML 文档由 HTML 元素定义，如表 2-1 所示。

表 2-1　HTML 文档

| 开始标签 | 元素内容 | 结束标签 |
| --- | --- | --- |
| <p> | 这是一个段落 | </p> |
| <a href="default.htm"> | 这是一个链接 | </a> |
| <br> | 换行 | |

* 开始标签常被称为起始标签（opening tag），结束标签常被称为闭合标签（closing tag）。

## 二、HTML 元素语法

- HTML 元素以开始标签起始；
- HTML 元素以结束标签终止；
- 元素的内容是开始标签与结束标签之间的内容；

- 某些 HTML 元素具有空内容（empty content）；
- 空元素在开始标签中进行关闭（以开始标签的结束而结束）；
- 大多数 HTML 元素可拥有属性。

## 三、分段控制标签 <p>

<p> 为分段控制标签，它可以单独使用，也可成对使用，其作用是留一空白行。

<p> 有一个对齐方式属性 align，其属性可选值为 right、left、center。默认值：align="left"，例如：<p align="center"> 商品分类介绍 </p>。

## 四、居中对齐标签 <center>

<center> 为居中对齐标签，它是一个双标签，其作用是进行居中控制。

## 五、水平分隔线标签 <hr>

<hr> 为水平分隔线标签，它是一个单标签，其作用是在标签所在位置上插入一条水平线。

<hr> 的属性有 align、size、width、color 和 noshade。

align：设定水平线摆放位置，其属性可选值为 right、left、center。默认值：align="center"。

size：设定水平线的粗细，以像素作单位，默认值：2。

width：设定水平线长度，以像素作单位，可以是绝对或相对值，默认值：100%。

color：（只适用于 IE 浏览器）设定线条颜色，默认值：黑色。如 #0000FF 代表蓝色，也可以采用颜色的名称：color="blue"。

noshade：设定水平线不显示 3D 阴影，若无 noshade 属性则有 3D 阴影。

## 六、设定网页背景和字体颜色

设定网页背景和字体颜色主要是设置 <body> 标签中的属性，格式为：

```
<body bgcolor="属性值 1"  background="属性值 2"  text="属性值 3">……< / body>
```

其中 bgcolor 设置网页背景颜色，background 设置网页背景图片，text 设置网页中文字颜色。

## 七、标题文字标签 <hn>

<hn> 为标题文字标签，它是一个双标签，其作用是设置网页中的标题文字。

<hn> 标签一共 6 级，<h1> 和 </h1> 之间的文字是第 1 级标题，<h6> 和 </h6> 之间的文字是第 6 级标题，由 <h1> 到 <h6> 逐渐变小。由此可见，标题 h1 字体最大，h6 字体最小。每个标题标签所标示的字句将独占一行且上下留一空白行。

<hn> 有一个属性 align，其属性可选值为：right、left、center。默认值：align="left"。

## 八、文字格式控制标签 <font>

<font> 为文字格式控制标签，它是一个双标签，其作用是设置文字的字体、大小和颜色。

<font> 的属性有 face、size、color。

face：设定文字字体，其属性为字体名称。

size：设定文字大小，取值 1～7，默认值为 3。也可用“+”“–”来设置相对值。

color：设定文字颜色。可以用 #nnnnnn，也可以采用颜色的名称。

## 九、网页中插入图形

向网页中插入图形需要用到 <img> 标签，它是一个单标签。

<img> 的属性有 src、alt、border、align、height/width 等。

src：设定图形路径名，此属性不可少。

alt：设定图形的替代文字。

border：设定图形的边框。默认或取 0 时为无边框。

align：设定图形的对齐方式，其属性值有：top、bottom、middle、right、left 等。

height/width：设定图形高度 / 宽度。

## 十、超链接标签

超链接标签为 <a>，它是一个双标签。格式为：

```
<a href="资源地址" target="窗口名称" title="指向连接显示的文字"> 超链接名称 </a>
```

<a> 的主要属性有 href 和 target。

href：设定链接位置，此属性不可少。

target：该属性规定在何处打开链接文档。

## 任务拓展

视频：图像、链接和背景音乐设置

表格的建立由四个标签组成：<table>、<tr>、<th>、<td>。

### 一、<table> 为表格标签

属性有 border、align、width/height、bgcolor/background、cellspacing、cellpadding 等。

其中 border 表示边框大小；align 表示表格的位置，其属性可选值有 left、center、right；width/height 表示表格宽度 / 高度，属性值可以是数值也可以是百分比；bgcolor/background 表示表格的背景颜色 / 背景图像；cellspacing 表示单元格之间距离；cellpadding 表示单元格边框与单元格内容之间的距离。

### 二、<tr> 为表的行标签

定义表格的一行，属性有 height、bgcolor、align/valign 等。

其中 height 表示行的高度；bgcolor 表示行的背景颜色；align/valign 表示行的文字水平 / 垂直对齐方式，align 的属性可选值为 left、center、fight，valign 的属性可选值有 top、middle、bottom。

### 三、<th> 为表头标签

定义表格的表头，字体以粗体显示，可省略，属性同 <td>。

### 四、<td> 为单元格标签

定义表格的单元格，属性有 width、bgcolor/background、align/valign、rowspan/colspan 等。

其中 width 表示单元格宽度；bgcolor/background 表示单元格的背景颜色 / 背景图像；align/valign 表示单元格的文字水平 / 垂直对齐方式，align 的属性可选值为 left、center、right，valign 的属性可选值为 top、middle、bottom；rowspan/colspan 表示单元格所跨行数 / 列数，默认值为 1。

视频：表格标记 1

视频：表格标记 2

## 任务实训

# 表格及其属性设置

### 一、实训目的

熟练使用 HTML 完成如效果图所示网页。

### 二、实训要求

（1）在规定的时间内，能够独立完成实验内容；

（2）实验前做好上机准备，针对实验内容，认真复习与本次实验有关的知识；

（3）实验后做好实验总结（包括实验过程中遇到的问题、原因及解决方法，实验心得体会等），并根据实验情况完成实验报告。

### 三、实训内容

#### 1. 建立文件夹

在桌面上建立一个文件夹，名字为自己的学号 + 姓名，在文件夹中建立两个文件夹分别为 image（存放所需图片）、html（存放本次要完成的网页）。

#### 2. 网页要求

（1）设置网页标题为“英雄儿女”，网页中所有内容居中显示，网页名称为学号后两位 xx.html。

（2）在图 2-9 中 A 部分插入图片 01.jpg，该图片属性：宽度 =815px，高度 =185px，图片标记写法为 <img src=……>。

（3）B 部分用一个一行一列表格完成，表格属性为：宽度 =815px，高度 =25px，背景图片为 06.jpg，border="0" cellpadding="0" cellspacing="0"。

（4）C 部分用一个三行四列的表格完成，其中第一行的第一个单元格跨三行，表格属性：width="815px" border="0" cellpadding="0" cellspacing="0"。表格第一行的参考代码如下：

```
  <tr>
    <td width="185" rowspan="3" valign="top">
<img src="../image/yingxiong06.jpg" width="185" height="549" >
</td>
    <td width="208" height="35" align="center">
<h1>赵公长孙无忌</h1>
</td>
```

```
    <td width="210" align="center">
<h1>赵郡王李孝恭</h1>
</td>
    <td width="209" align="center">
<h1>莱公杜如晦</h1>
</td>
  </tr>
```

第二行高度设为 325px，三个单元格插入的图片分别是：yingxiong01.jpg、yingxiong02.jpg、yingxiong03.jpg。

第三行的三个单元格中每格分别插入如图 2-8 所示文字。用有序列表 <ol></ol>。

（5）其中版权符号 © 的代码为：© 图示效果可以用如下代码：Copyright© 06040300 × × × 邮箱：60403@163.com。

（6）制作网页时要随时预览效果，完成网页制作后提交学号 + 姓名压缩包。

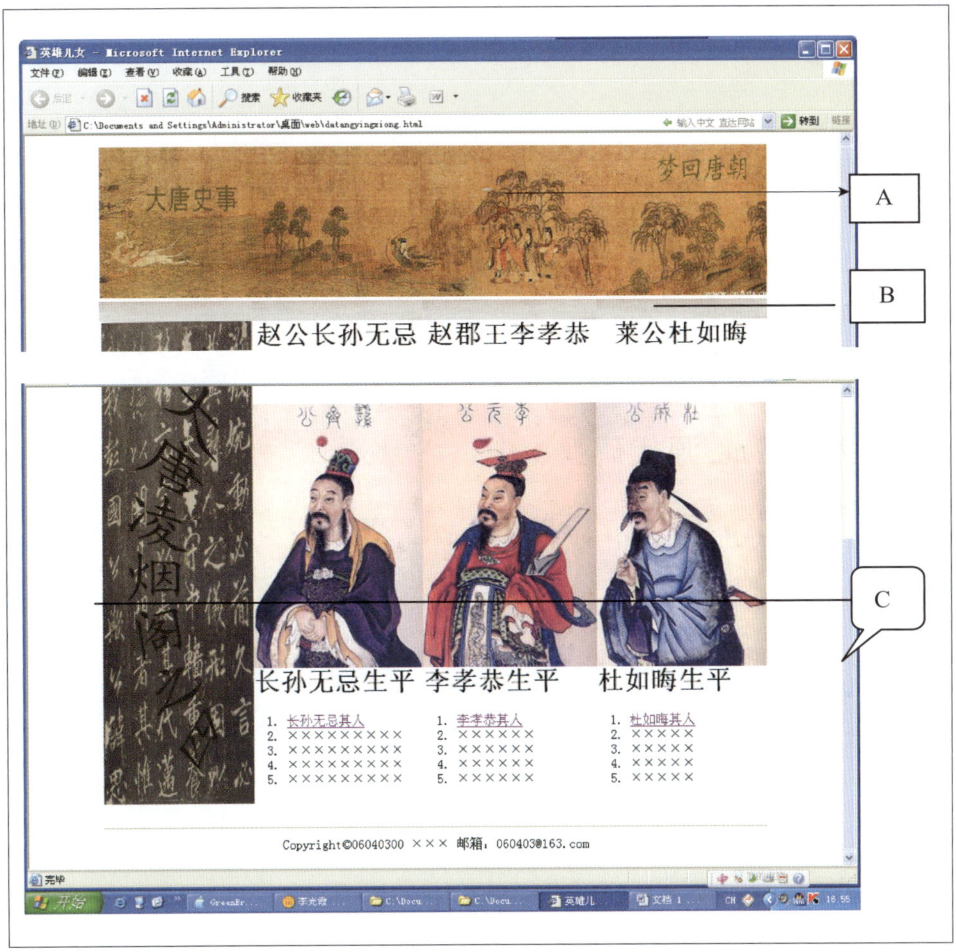


图 2-8　效果展示图

# 任务三　HTML语言编写网页

## 任务引导

本任务的目标是通过复习 HTML 语言的相关标签和属性，能够编写一个简单的 HTML 网页。

扫一扫

视频：表格及其属性设置

## 任务实施

### 一、打开文本工具

执行“开始”→“程序”→“附件”→“记事本”命令，打开一个记事本；或者通过单击鼠标右键，在弹出的快捷菜单中选择“新建”选项，在列表中再选择“文本文档”，新建一个文本文档并通过双击鼠标将其打开。

### 二、输入 HTML 源代码

在文本窗口中输入以下 HTML 源代码：

```
<html>
<head>
<title> 勇做新时代的追梦人 </title>
</head>
<body background="b1.bmp">
<table width="762px" height="581px" cellpadding="0" cellspacing="
0" border="1" align="center">
<tr>
<td height="143px" colspan="2"><font color=red face="隶书" size
=15px><center>
<marquee direction=down behavior=alternate height="80px" width="60px">
勇 </marquee></font>
<font color=blue face="隶书" size=15px>
<marquee direction=up behavior=alternate height="80px" width="60px"> 做
```

```
</marquee></font>
<font color=green face="隶书" size=15px>
<marquee direction=down behavior=alternate height="80px" width="60px">
新 </marquee></font>
<font color=red face="隶书" size=15px>
<marquee direction=up behavior=alternate height="80px" width="60px"> 时
</marquee></font>
<font color=green face="隶书" size=15px>
<marquee direction=down behavior=alternate height="80px" width="60px">
代 </marquee></font>
<font color= yellow face="隶书" size=15px>
<marquee direction=down behavior=alternate height="80px" width="60px">
的 </marquee></font>
<font color=red face="隶书" size=15px>
<marquee direction=up behavior=alternate height="80px" width="60px"> 追 </
marquee></font>
<font color=blue face="隶书" size=15px>
<marquee direction=down behavior=alternate height="80px" width="60px">
梦 </marquee></font>
<font color=green face="隶书" size=15px>
<marquee direction=up behavior=alternate height="80px" width="60px"> 人 <
/marquee></font>
</center></p> </td>
</tr>
<tr>
<td width="596px" height="100px" colspan="2"><i><P>
<font color=blue size=4 face="黑体">
<ol start =3>
<li type=A> 在庆祝中华人民共和国成立 70 周年大会上，</li>
<li type=A> 习近平总书记发表了重要讲话，</li>
<li type=A> 回望共和国走过的光辉岁月，</li>
<li type=A> 深切缅怀了革命先烈，</li>
<li type=A> 吹响了实现中华民族伟大复兴的号角。</li></ol>
</P></font></i> </td>
</tr>
<tr><td><u><font color=red size=4 face="仿宋 _GB2312">
<li type=disk> 青年是整个社会力量中最积极、最有生机的力量，</li>
<li type=circle> 国家的希望在青年，民族的未来在青年，</li>
<li type=circle> 高校大学生是青年群体中的中坚力量，</li>
<li type=disk> 肩负着实现国家富强、民族复兴、人民幸福的时代重
任，</li>
<li type=disk> 青年大学生要勇立时代潮头，积极投身到实现中华民
```

```
族伟大复兴的伟大征程中去，做新时代的青年追梦人。 </li>
</ol>
</font></u> </td><td>
<img src="4.jpg" width="230px" height="190px" />
</td>
</tr>
</table>
</body>
</html>
```

## 三、保存为网页文件

执行“文件”→“另存为”命令，在弹出的对话框中选择存放位置，在“文件名”后的文本框中输入“3.html”，然后单击“保存”按钮，完成保存为网页文件的操作。

## 四、打开网页

打开保存为网页文件所在的文件夹，双击“3.html”文件，显示效果图如图 2-9 所示。

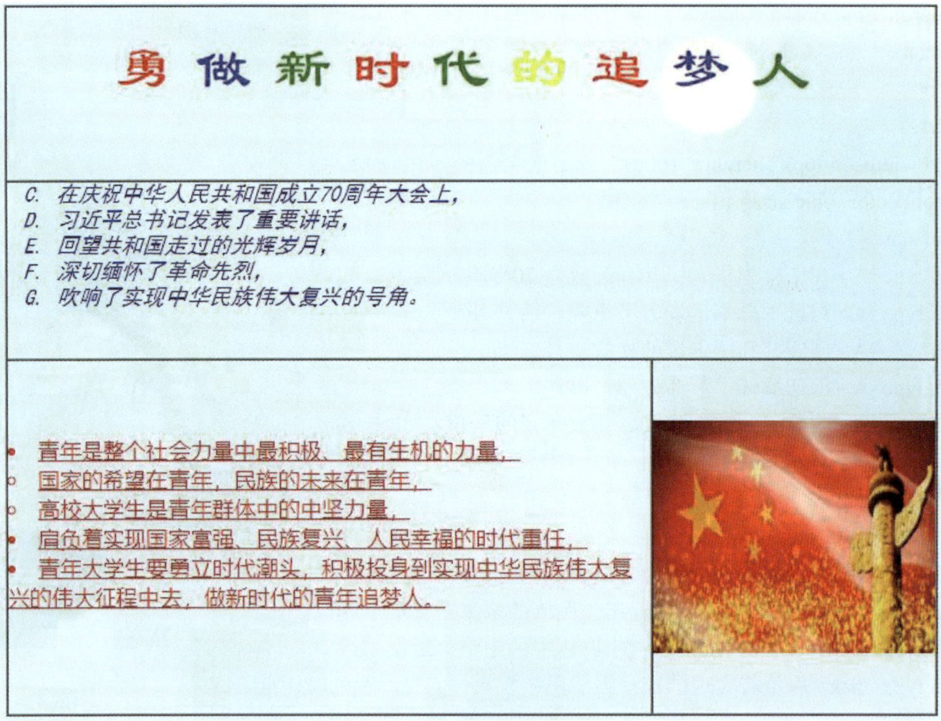


图 2-9　显示效果图

## 五、查看网页源代码

通过浏览器打开的网页，可以通过执行“查看”→“源文件”命令，打开该页面的网页源代码，如图 2-10 所示。

```
<html>
<head>
<title>勇做新时代的追梦人</title>
</head>
<body background="b1.bmp">
<table width="762" height="581" cellpadding="0" cellspacing="0" border="1" align="center"> <tr>
<td height="143" colspan="2"><font color=red face="隶书" size=15px><center>
<marquee direction=down behavior=alternate height="80" width="60"> 勇 </marquee></font> <font color=blue face="隶书" size=15px>
<marquee direction=up behavior=alternate height="80" width="60"> 做</marquee></font>
<font color=green face="隶书" size=15px>
<marquee direction=down behavior=alternate height="80" width="60" > 新</marquee></font>
<font color=red face="隶书" size=15px>
<marquee direction=up behavior=alternate height="80" width="60"> 时 </marquee></font>
<font color=green face="隶书" size=15px>
<marquee direction=down behavior=alternate height="80" width="60"> 代 </marquee></font>
<font color= yellow face="隶书" size=15px>
<marquee direction=down behavior=alternate height="80"  width="60"> 的 </marquee></font>
<font color=red face="隶书" size=15px>
<marquee direction=up behavior=alternate height="80" width="60">追</marquee></font>
<font color=blue face="隶书" size=15px>
<marquee direction=down behavior=alternate height="80" width="60"> 梦</marquee></font>
<font color=green face="隶书" size=15px>
<marquee direction=up behavior=alternate height="80" width="60"> 人 </marquee></font>
</center> </p> </td>
</tr>
<tr> <td width="596" height="100" colspan=2><i><P>
<font color=blue size=4px face="黑体">
<ol start =3>
<li type=A>在庆祝中华人民共和国成立70周年大会上，</li>
<li type=A>习近平总书记发表了重要讲话，</li>
<li type=A>回望共和国走过的光辉岁月，</li>
<li type=A>深切缅怀了革命先烈，</li>
<li type=A>吹响了实现中华民族伟大复兴的号角。</li></ol>
</P></font></i> </td>
</tr>
<tr>
<td><u>
<font color=red size=4px face="仿宋 _GE2312">
<li type=diSk>青年是整个社会力量中最积极、最有生机的力量，</li>
<li type=circle>国家的希望在青年，民族的未来在青年，</li>
<li type=circle>高校大学生是青年群体中的中坚力量，</li>
<li type=disk>肩负着实现国家富强、民族复兴、人民幸福的时代重任，</li>
<li type=disk>青年大学生要勇立时代潮头，积极投身到实现中华民族伟大复兴的伟大征程中去，做新时代的青年追梦人。</li></ol></font></u> 
 <td><img src=4.jpg width=230 height=190 /></td>
</tr> </table>
</body>
</html>
```

图 2-10 查看源代码

## 任务分析

扫一扫

视频：HTML 复习讲解

### 一、列表标记

#### 1. 无序列表标记 <ul>

无序列表是一个项目的列表，该列表的每个项目启示位置默认使用粗体圆点（典型的小黑圆圈）进行标记，无序列表的每个项目标记类型一致，没有次序之分。

无序列表始于 <ul> 标记。每个列表项始于 <li>。定制表中的标记形状可以通过设置 <li> 的属性 type 来决定，该属性值有 disk、circle、square 等类型。

#### 2. 有序列表标记 <ol>

有序列表也是一列项目的列表，列表项目使用有序的标记进行标记。有序列表始于 <ol> 标记。每个列表项同样始于 <li> 标记。定制有序列表表中的序号通过属性 type 的属性值 A、a、I、i、1 等来决定。

有序列表标记的起始值可以通过设置 <ol> 的属性 start 的属性值来完成，属性值为数值。如下列所设：

<ol start=3> <li type="a"> 主页采用“回字形”布局 </li>

<li type="a"> 二级页面采用“左拐角”布局 </li></ol>

效果图如图 2-11 所示。

c. 主页采用“回字形”布局
d. 二级页面采用“左拐角”布局

图 2-11　效果图

扫一扫

视频：列表标记

### 二、滚动字幕 <marquee>

在标记对 <marquee> 内的文本或者图像可以实现滚动。

相关属性如下：

属性 direction 设置滚动的方向，属性值可以是 left、right、up、down，默认值为 left；

属性 behavior 设置滚动的方式，属性值可以是 scroll（表示连续滚动），slide（表示滚动一次），alternate（表示来回滚动）；

属性 loop 设置循环的次数，属性值是正整数，默认值为无限循环或为 -1；

属性 scrollamount 设置运动速度，属性值是正整数，值越大速度越快，默认值为 6；

属性 scrolldelay 设置停顿时间，属性值是正整数，默认值为 0，单位为毫秒；

事件 onmouseover=this.stop() onmouseout=this.start() 用于设置鼠标移入滚动区域的时候滚动停止，当鼠标移开的时候又继续滚动。

扫一扫

视频：滚动标记

## 三、文本格式化标记

可以定义一些文本修饰效果，常见标记如下：

| | |
|---|---|
| <b> | 定义粗体文本 |
| <big> | 定义大号字 |
| <em> | 定义着重文字 |
| <i> | 定义斜体字 |
| <small> | 定义小号字 |
| <strong> | 定义加重语气 |
| <sub> | 定义下标字 |
| <sup> | 定义上标字 |
| <ins> | 定义插入字 |
| <del> | 定义删除字 |

## 四、框架标记 <frameset> 和 <frame>

通过使用框架标记，可以在同一个浏览器窗口中显示多个 html 页面。每个 html 文档称为一个框架页面 <frame>，并且每个框架都独立于其他的框架，整体称为一个框架集 <frameset>。

常见框架页面如下例所示：

```
<html>
<frameset rows="50%,50%">
<frame src="a.html">
<frameset cols="25%,75%">
<frame src="b.html">
<frame src="c.html">
</frameset>
</frameset>
</html>
```

框架存在的问题是不是所有浏览器支持框架，对于应用了框架的页面，很难打印整张页面，不容易管理，对应代码复杂，无法被一些搜索引擎索引到，另外多框架的页面会增加服务器的 http 请求等，在现在标准网页设计的理念中，框架的使用是逐步减少的。

## 五、插入背景音乐 <bgsound>

使用 <bgsound> 标记可以在网页中插入背景音乐。<bgsound> 标记可以放在 <html>…</html> 内的任何位置。基本语法是：

```
<bgsound src="音乐文件地址" loop=n>
```

其中，n= 循环数。

扫一扫

视频：HTML 标记要点

## 任务拓展

使用 <embed> 标记（见表 2-2）可以在网页中载入多媒体，如声音、视频、Flash 动画等。<embed> 标记可以放在 <html>…</html> 内的任何位置。基本语法是：

```
<embed src="媒体文件地址">
```

**表 2-2　<embed> 属性**

| src="filename" | 设定媒体文件的路径及文件名 |
| --- | --- |
| autostart=true/false | 是否要媒体文件传送完就自动播放，true 是要，false 是不要，默认为 false。 |
| loop=true/false | 设定播放重复次数，loop=6 表示重复 6 次，true 表示无限次播放，false 表示播放一次即停止。 |
| starttime=" 分 : 秒 " | 设定媒体的开始播放时间，如 20 秒后播放写为 starttime=00:20。 |
| volume=0-100 | 设定音量的大小。如果没设定的话，就用系统的音量。 |
| width、height | 设定播放器的大小。 |
| hidden=true | 隐藏播放器。 |
| controls=console/smallconsole | 设定播放器的外形。 |

## 任务实训

### html 标记应用

#### 一、实训目的

（1）掌握网页文件完整的 html 结构。

（2）掌握 <body>、<font>、<a>、<p>、<br>、<marquee> 标记的属性设置。
（3）学会用记事本编写简单的网页文件。

## 二、实训要求

（1）在规定的时间内能够独立完成实验内容。
（2）实验前做好上机实验的准备，针对实验内容认真复习与本次实验有关的知识。
（3）试验后做好实验总结（包括实验过程中遇到的问题、原因及解决方法，实验心得体会等），并根据实验情况完成实验报告。

## 三、实训内容

### 1. 准备工作

在桌面上新建一个文件夹，名字为自己的学号＋姓名，在该文件夹中新建 image 文件夹，用来存放背景图 0008.gif 和素材图片 1.jpg（见素材包），新建 html 文件夹用来存放 index.html 文件。

### 2. 在记事本中编辑

如图 2-12 所示的网页文件，文件名为 ××.html，存放在 html 文件夹中（×× 为学号的后两位）。

图 2-12 编辑网页文件

要求：

（1）要有完整的 html 代码结构；

（2）背景图为 0008.gif，网页文件的标题为“HTML 语言综合应用”；

（3）“HTML 语言综合应用”为最大的标题，居中，颜色为 #0000ff，并且来回移动，移动的速度为 3；

（4）设置属性：

第一部分的文字实现的效果是从中间开始分别向上下移动，移动的高度为 50px，文字的属性为：颜色 =#da70d6，字号 =6px，字体 = 华文彩云；

第二部分的文字从中间开始向左右两侧移动，width=250px，height=50px，文字的属性为：居中，颜色 = #ff0000，字号 =7px，字体 = 隶书；

第三部分的文字要求间隔字之间上下交叉移动，移动的高度不同，移动面积设为：width=60，移动高度相对较高的设为 height=120，相对较低的设为 height=80，width=60，字体 = 隶书，大小为 15px，字体颜色分别为：红色、黄色、棕色、绿色、橙色、黄色、橙色。

（5）对“链接首页”设置超级链接，链接的文件为 html 文件夹中的 index.html ；在页面的最后加上“联系我们”四个字，使之右对齐，并链接到自己的邮箱。

（6）页面最后添加一根水平线。

（7）水平线下面请添加如下文字信息“版权所有：自己的名字（×××）和学号（××××××）”。

（8）编辑好的网页文件保存在自己的文件夹中，名字为 ×××.html。

# 项目三 网站首页设计与制作实践

## 项目简介

通过学习能够利用 Dreamweaver CS6 软件进行首页的设计与制作，能够建立站点，进行站点的编辑和管理，能够进行网站制作和首页制作，能够用表格和 div+css 进行布局等。

## 能力目标

（1）能够进行 Dreamweaver 的基本操作。

（2）能够进行网页基本元素的添加。

（3）利用 Dreamweaver 进行网页布局。

（4）利用 Dreamweaver 创建站点和页面。

## 知识目标

（1）掌握 Dreamweaver CS6 的界面与操作。

（2）掌握网页的创建及保存的方法。

（3）掌握在网页中添加文本、图像及超链接等基本元素的方法。

（4）掌握表格的使用及网页布局方法。

（5）掌握站点的建立与管理。

（6）掌握 div+CSS 布局方法。

# 任务一　Dreamweaver CS6软件基本操作

## 任务引导

打开 Dreamweaver 软件，能够认识其界面，了解各个菜单和工具栏使用（见图 3-1）。

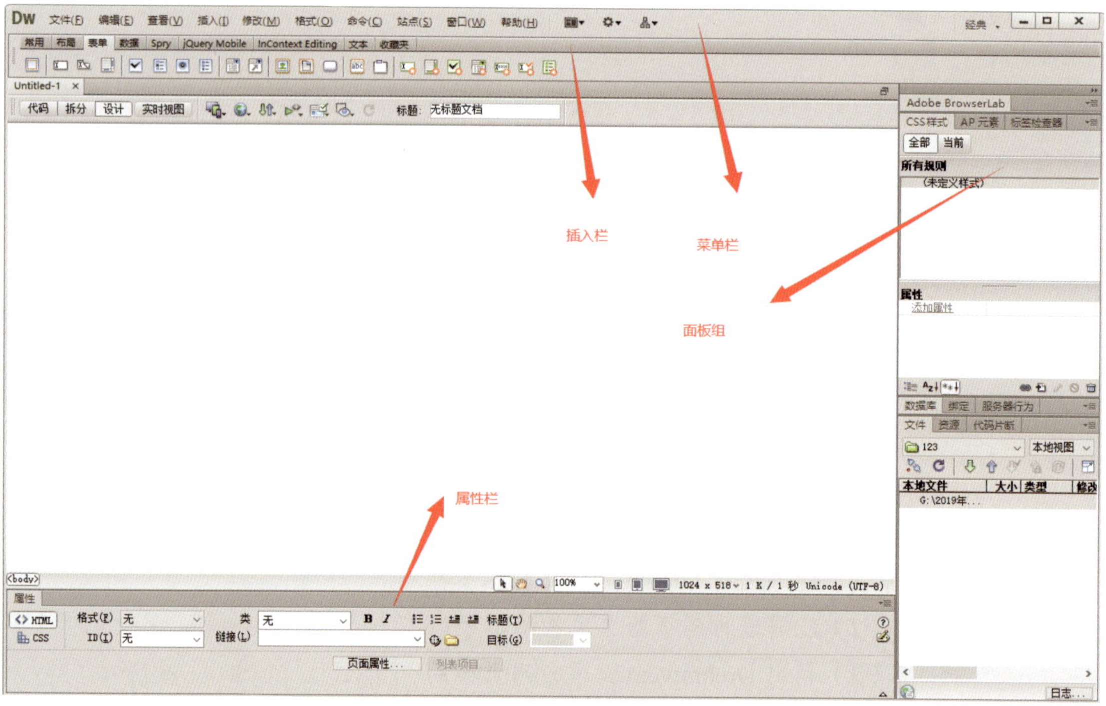


图 3-1　软件界面

## 任务实施

启动 Dreamweaver CS6。

方法一：双击桌面上 Macromedia Dreamweaver CS6，出现如下选择界面，如图 3-2 所示。

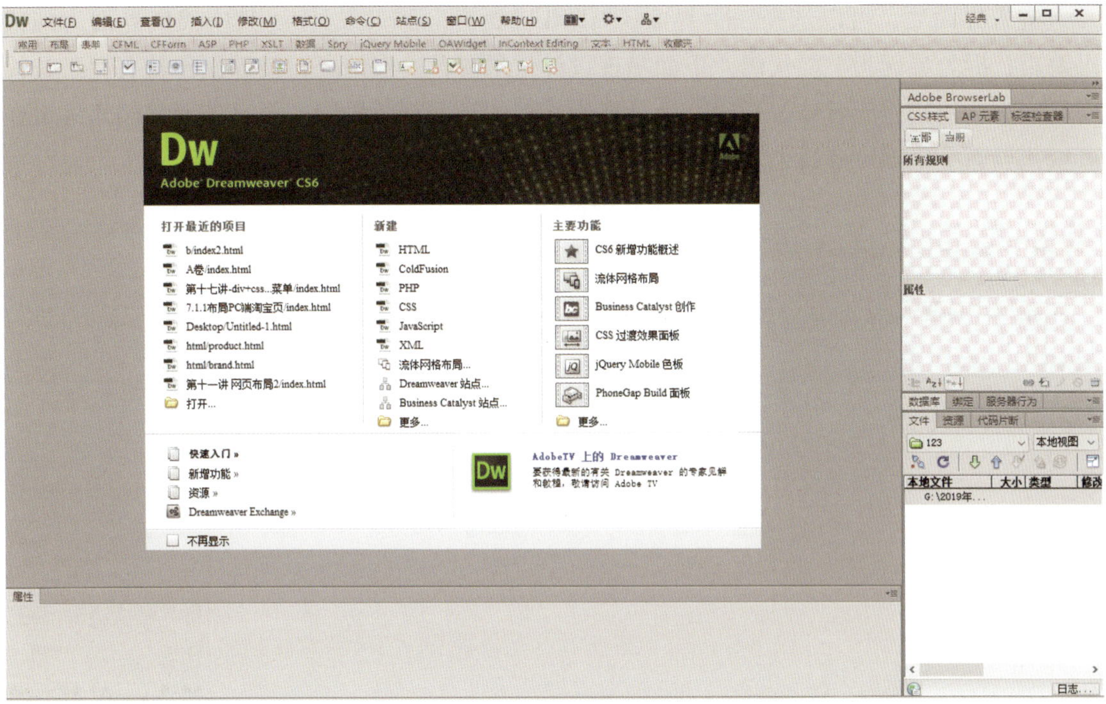


图 3-2　注册界面

选择“新建”—HTML，进入网页编辑设计界面，如图 3-3 所示。

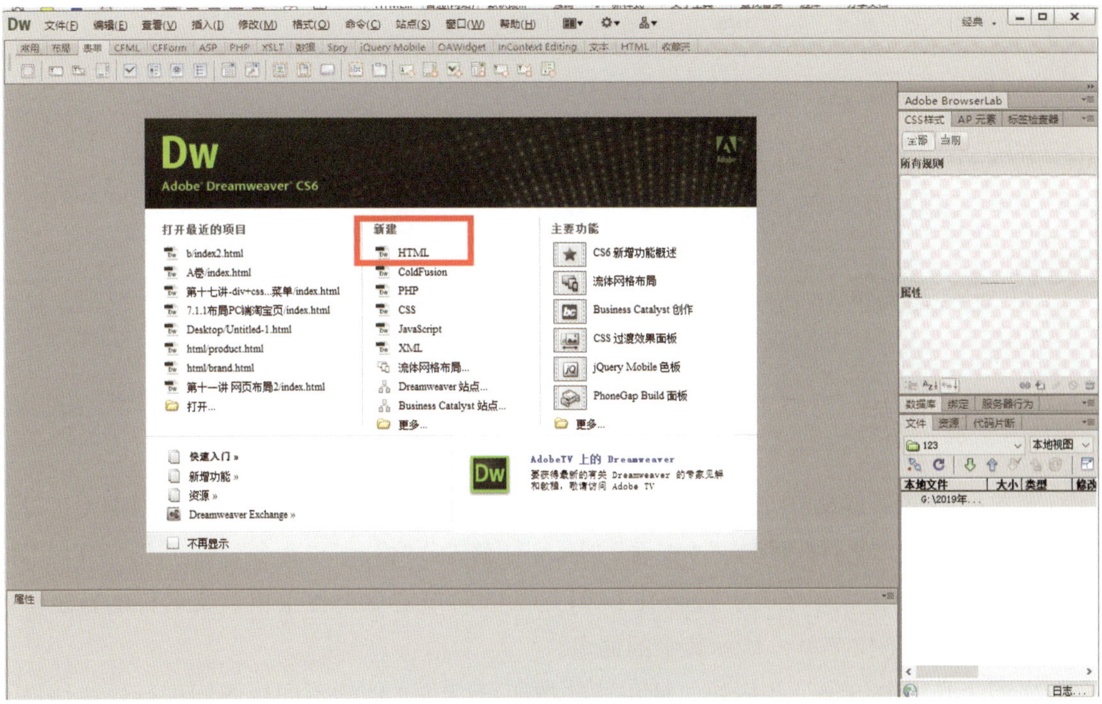


图 3-3　选择进入界面

进入界面后，可以选择三个界面：“代码”“拆分”和“设计”。其中代码界面为纯代码编辑；拆分界面为上面代码，下面呈现设计效果图，一般情况，该界面比较有利于查找网页中存在的错误或者修改代码；设计界面呈现的是网页效果图，通过各元素插入编辑在可视化界面中呈现设计效果。图 3-4 为“设计”界面选择。

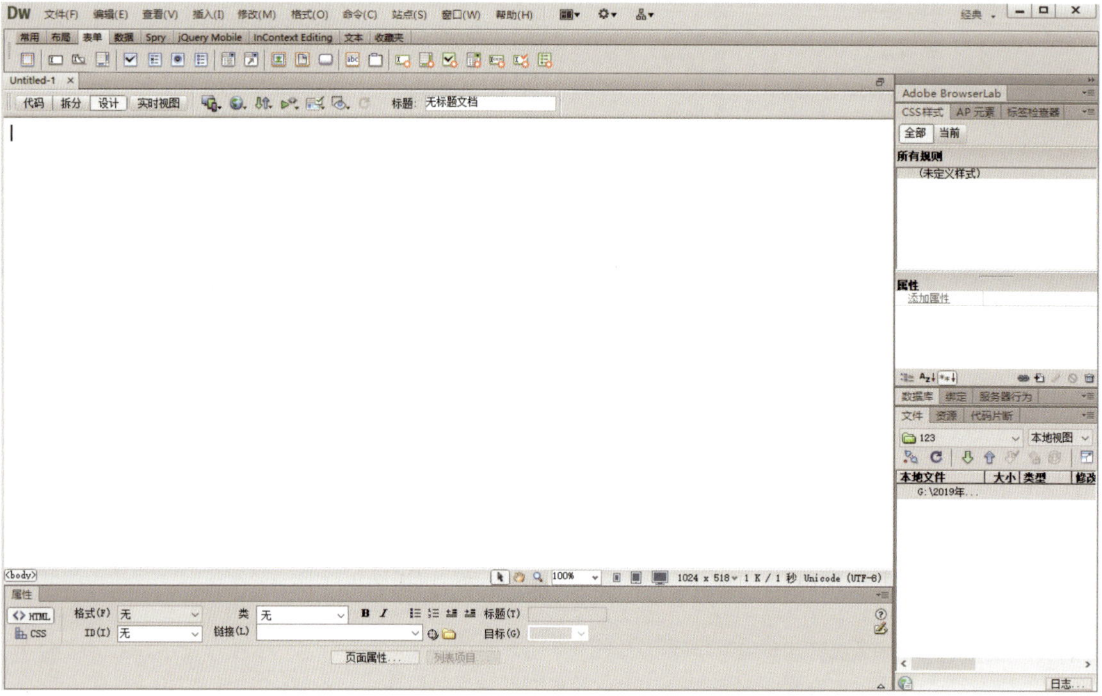


图 3-4　设计界面

方法二：点击“开始”→“程序”→“Macromedia”→“Dreamweaver CS6”。

## 任务分析

### 一、菜单栏

菜单栏中包含 Dreamweaver 中大多数的命令，它是编辑和管理网页文件的重要工具。菜单栏主要包括“文件”“编辑”“查看”“插入”“修改”“格式”“命令”“站点”“窗口”和“帮助”菜单。单击菜单名称，或按住 [Alt] 键的同时按键盘上各菜单英文名称的首字母，都能打开相应的下拉菜单，显示其中的命令。

文档工具栏中包含一些按钮，使用这些按钮可以在文档的不同视图间进行快速切换，文档工具栏中还包含一些与查看文档、在本地和远程站点间传输文档有关的常用命令和选项。

## 二、属性

Dreamweaver CS6 有很多面板，单击【窗口】主菜单，用户可以在弹出的菜单中将需要的面板调出，如图 3-5 所示：

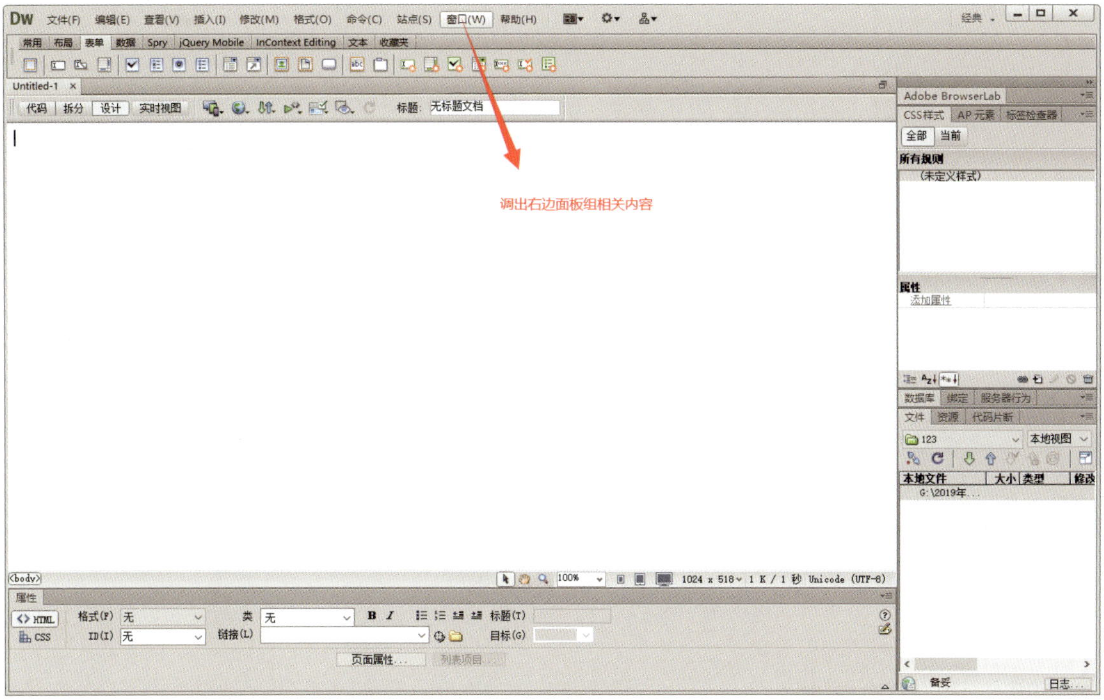


图 3-5　面板调用

## 三、文档窗口

文档窗口用于显示当前创建和编辑的网页文档。Dreamweaver 提供了四种查看文档的方式：代码视图、拆分视图、设计视图和实时视图。

代码视图：用于编写和编辑 HTML、JavaScript、服务器语言代码，以及任何其他类型代码的手工编码环境。

拆分视图：用于在一个窗口中同时看到同一文档的代码视图和设计视图。

设计视图：用于可视化页面布局、可视化编辑和快速应用程序开发的设计环境。在该视图中，Dreamweaver 显示文档的完全可编辑的可视化表示形式，类似于在浏览器中查看页面时看到的内容。

实时视图：与设计视图类似，实时视图更逼真地显示文档在浏览器中的表现形式。实时视图（见图 3-6）不可编辑，不过可以在代码视图中进行编辑，然后通过刷新实时视图来查看所做的更改。

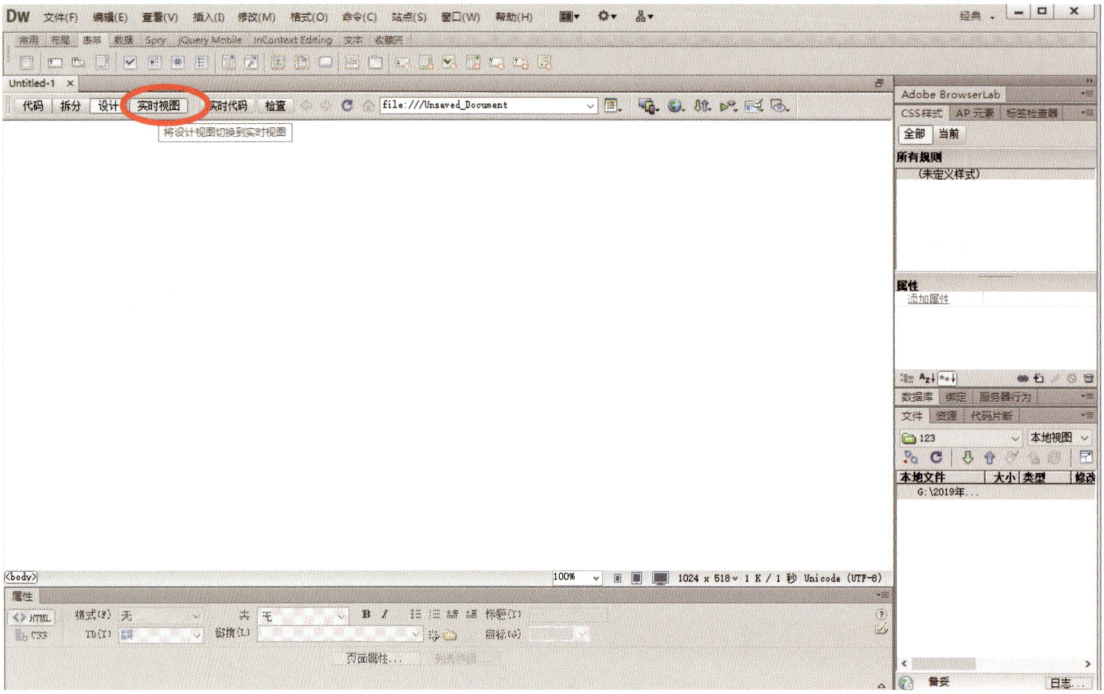


图 3-6　实时视图

## 四、图像的属性

Dreamweaver 中添加文本的方式：一种是直接输入，另一种是导入外部文档数据。前者的操作相对简单，只需要在文档窗口中直接输入文字或从其他程序中复制或剪切所需文本再粘贴到文档窗口中即可；后者则需要通过菜单命令来完成。

宽、高：图像的宽度和高度，其默认单位是“像素”，也可以用“点”“英寸”或“毫米”作为单位。

替换：图像的替换文字。当用户的浏览器不能正常显示图像时，在图像的位置会用这个替换文字代替图像。

扫一扫

视频：Dreamweaver 软件界面熟悉

链接：设置图像链接的目标页面。

地图：用于制作图像映射。

原始：当前图像的相对路径。

## 任务拓展

### 一、图像热点

图像热点链接可以将一幅图像分割为若干个区域，并将这些区域设置成热点区域（简称热区）。不同热点区域可以链接到不同的页面，浏览者单击图像上的不同热点区域可以实现不同页面间的跳转。

### 二、绝对路径

绝对路径是包括服务器规范在内的完全路径，不管源文件在什么位置，通过绝对路径都可以非常精准地将目标文档找到，采用绝对路径的好处是它同链接的源端点无关，只要网站的地址不变，无论文档在站点中如何移动，都可以正常实现跳转而不会发生错误。采用绝对路径的缺点在于这种方式的链接不利于测试。

### 三、相对路径

指向相对于源文件同一服务器或者同一文件夹中的文件。相对路径通常仅包含文件夹和文件名，甚至只有文件名。

## 任务实训

（1）安装 Dreamweaver 软件，注册完成，熟悉界面操作。

（2）新建一个网页，完成网页保存、新建、命名等操作。

# 任务二　创建与管理网站站点

## 任务引导

本任务的目标是通过 Dreamweaver 来创建恒洁卫浴企业形象网站并进行站点管理。站点名称为“www”，创建完成后的效果图如图 3-7 所示。

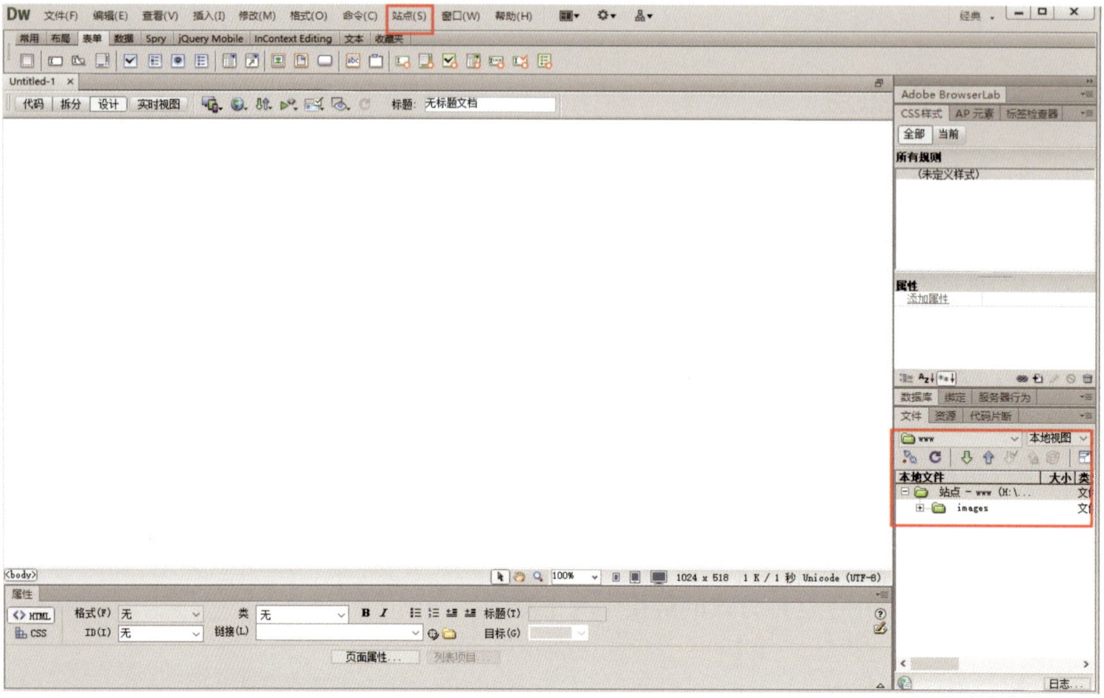


图 3-7　www 站点

## 任务实施

## 一、创建站点

### 1. 创建本地站点文件夹

在本地磁盘中创建一个用来存放站点文件的文件夹，然后在该文件夹中再创建一个图形文件夹用来存放网站中的图片。本任务运用上述任务创建的站点文件夹“www”。

### 2. 运行 Dreamweaver

通过运行 Dreamweaver 软件，在起始页对话框中执行“新建”→“HTML”命令，系统会打开一个未命名的空白文档窗口，整个工作界面如图 3-8 所示。

Dreamweaver 软件的运用和 Photoshop 类似，也是通过各类浮动工作面板或菜单选项来完成的。

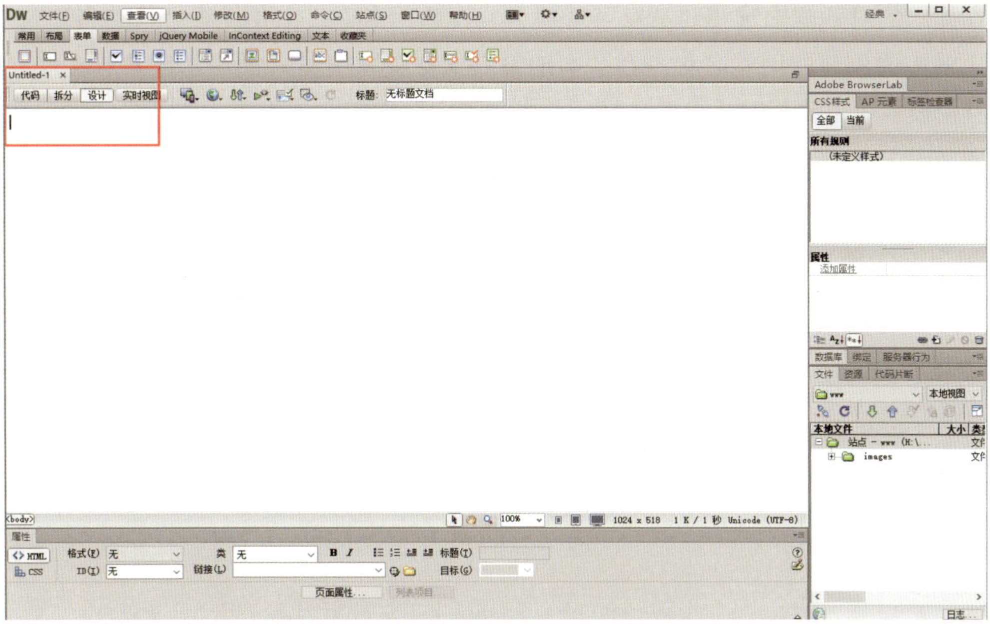


图 3-8　Dreamweaver 的工作界面

## 3. 创建网站站点

执行“站点”→“管理站点”命令，在弹出的“管理站点”对话框中单击“新建”按钮，选择“站点”。如图 3-9 所示。

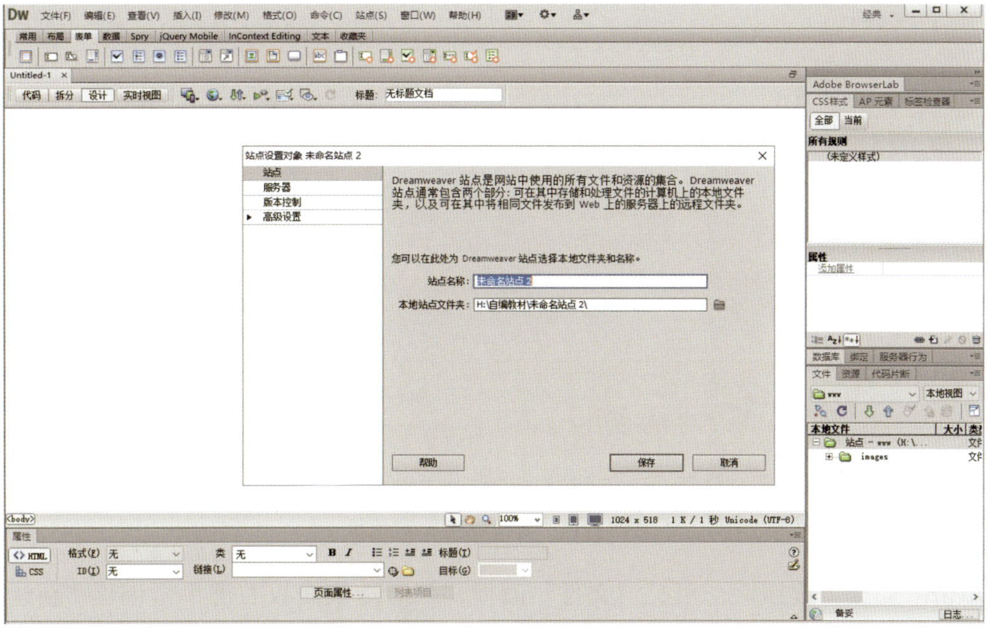


图 3-9　新建站点

在弹出的对话框中选择“站点”选项卡。在选项卡上，主要设置“站点名称”，在文本框中输入要创建的网站名称。在“本地站点文件夹”中输入创建本地站点文件夹的路径。其余设置可以采用默认设置，最后单击“确定”按钮完成设置。本任务设置完成后的效果图如图 3-10 所示。

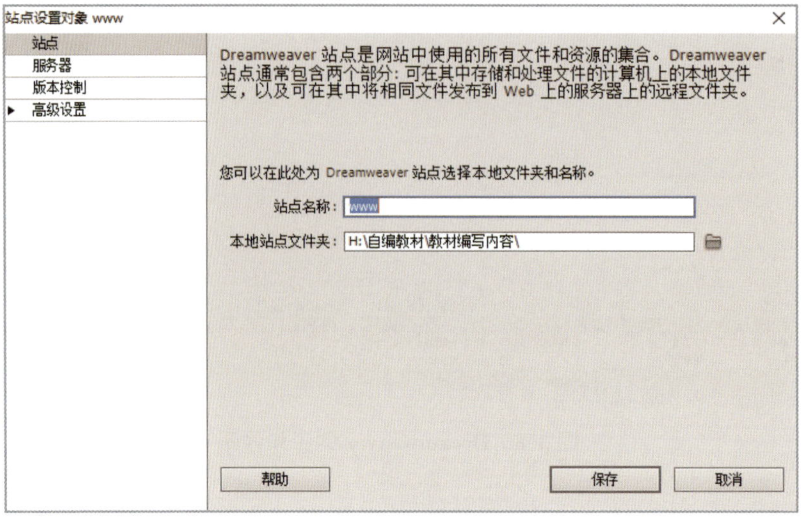


图 3-10　站点建立对话框

设置完成后，可以在“管理站点”对话框中看到所设站点的名称，如图 3-11 所示，最后再单击“完成”按钮。

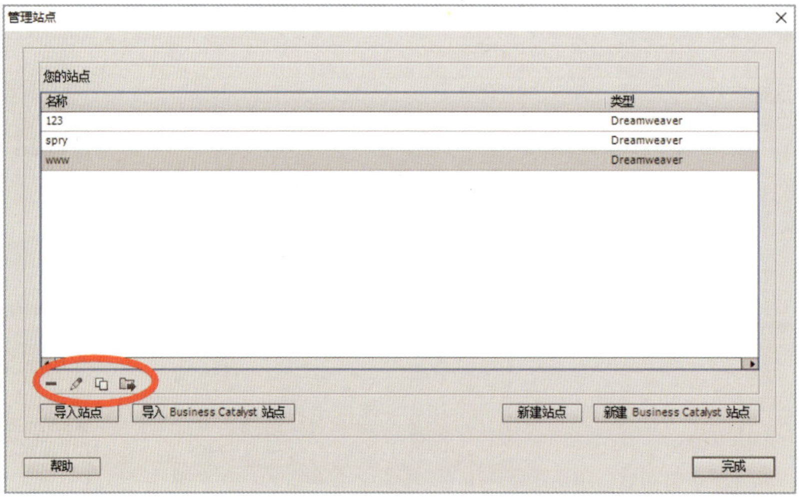


图 3-11　“管理站点”对话框

单击“完成”按钮后，可见“文件”面板，可通过该面板右键单击创建“新建文件夹”网页和“新建文件夹”，如图 3-12 所示。

图 3-12　完成创建站点

4. 保存网页文件

执行“文件”→“保存”命令，在弹出的对话框中选择文件的存放位置。完成网站站点创建后，网页文件会被默认保存在站点创建的本地站点文件夹中，在“文件名”后的对话框中输入“index.html”，然后单击“保存”按钮，如图 3-13 所示。

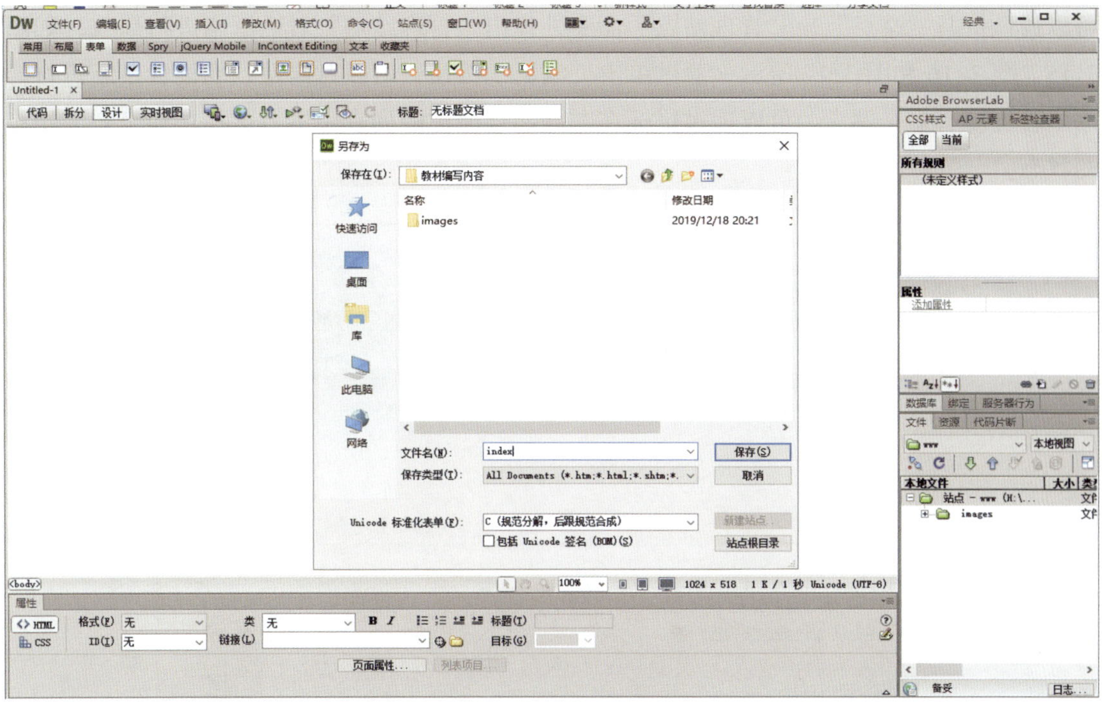


图 3-13　保存网页文件

保存网页后，在右侧面板资源区域可以看到站点根目录下所保存的网页，如图 3-14 所示。

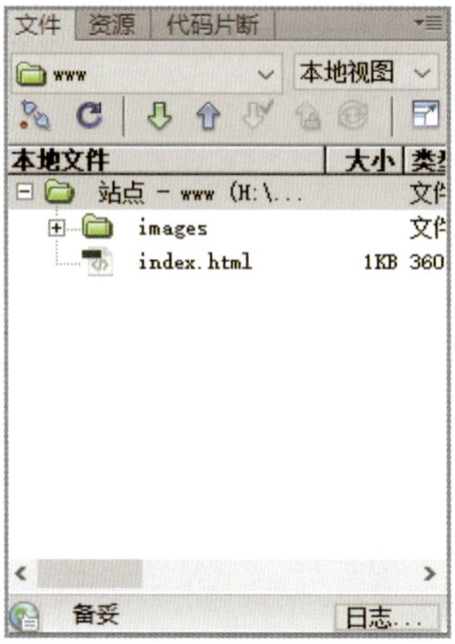


图 3-14　网页保存后站点

## 二、管理编辑站点

对已建好的站点可以进行编辑管理，如果建多了、建错了可以删除，如果信息有误可以通过执行“站点”→“管理站点”命令，弹出“管理站点”对话框来进行修改，如图 3-15、图 3-16 和图 3-17 所示。通过单击“编辑”按钮，可以对该站点的设置重新进行修改。若当前有多个站点，可以通过鼠标在左侧站点名称的列表中进行选择切换至对应站点的状态。

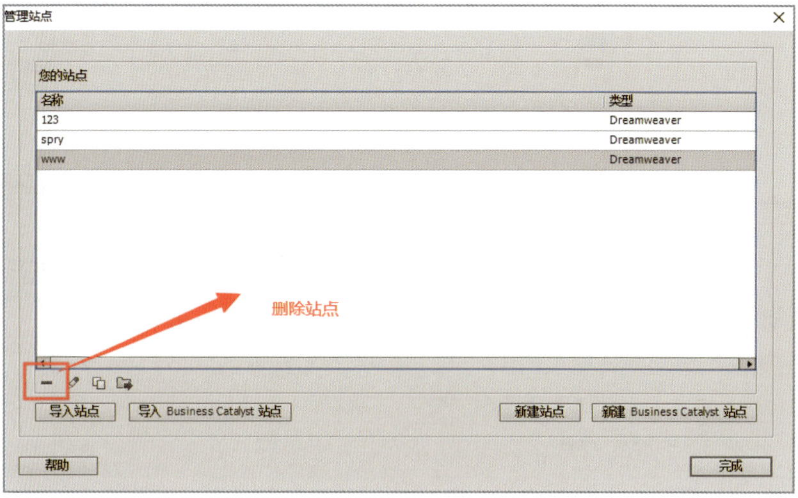


图 3-15　删除站点

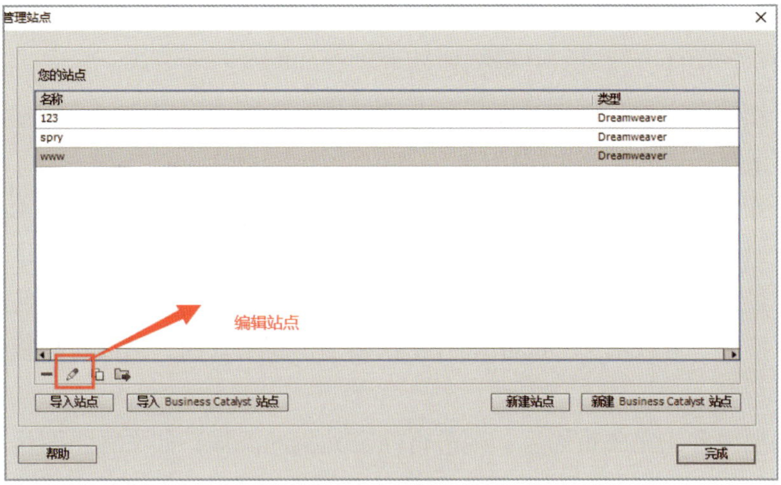


图 3-16　编辑站点

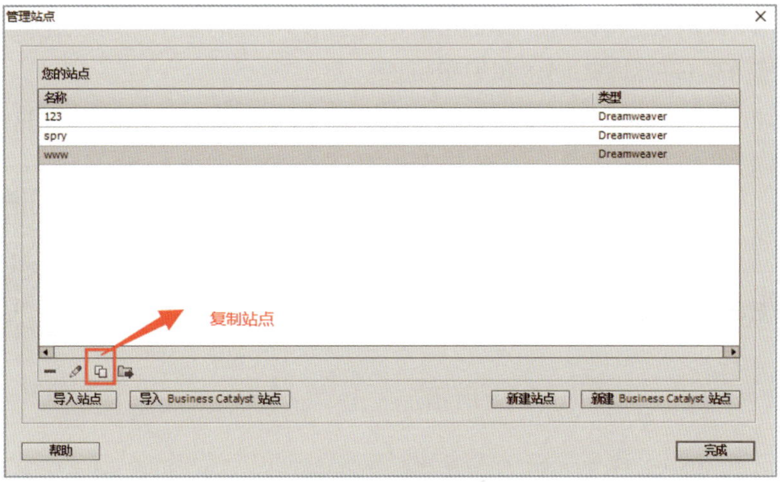


图 3-17　复制站点

通过“导出”按钮，可以将选中的站点相关设置信息以扩展名为 .ste 的文件形式保存。当需要时，可以再通过“导入”按钮将该文件导入，导入后不用再重新设置站点信息。

## 任务分析

### 一、Dreamweaver 工作流程

Dreamweaver 是一个可视化的网站开发工具，可以辅助人们快捷方便地进行网页编辑。使用 Dreamweaver 来创建一个网站的流程包括：

规划和设置站点。即确定将在哪里发布文件、网站访问者的情况以及站点目标。在组织好信息并确定结构后，就可以开始创建站点了。

组织和管理站点文件。创建站点后，在“文件”面板中可以添加、删除和重命名文件及文件夹，以便根据需要更改组织结构。

设计网页布局，选择使用的布局方法。可综合使用 Dreamweaver AP 元素、CSS 定位样式或预先设计的 CSS 布局来创建布局。也可利用表格工具，通过绘制并重新安排页面结构来快速地设计页面。如果希望同时在浏览器中显示多个元素，也可以使用框架来设计文档的布局。最后，可以基于 Dreamweaver 模板创建新的页面，然后在模板更改时自动更新这些页面的布局。

向页面添加内容，完成布局后，则进行网页元素的添加，如文本、图像、鼠标经过图像、超链接等。最后，Dreamweaver 还提供测试页面是否确保能够兼容不同的 Web 浏览器。

通过手动编码创建页面，是创建页面的另一种方法。同时对于一些具体网页内容，可能也需要通过手动编码进行微调。Dreamweaver 提供了易于使用的可视化编辑工具，但同时也提供了高级的编码环境来创建和编辑页面。

测试和发布。测试页面是在整个开发周期进行的一个持续的过程。在这一工作流程的最后，在服务器上发布该站点。许多开发人员还会安排定期的维护，以确保站点保持最新并且工作正常。

扫一扫

视频：站点编辑

## 二、Dreamweaver 工作区域

Dreamweaver 工作区域如图 3-18 所示。

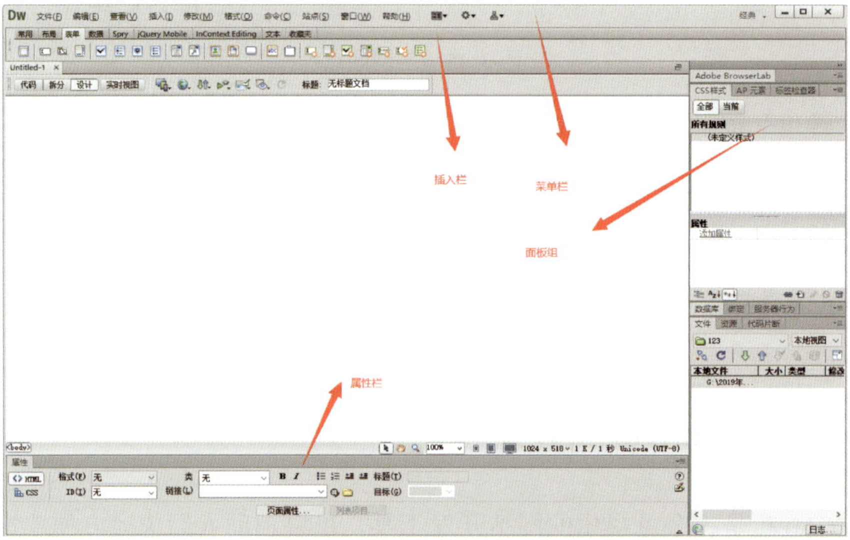


图 3-18　Dreamweaver CS6 工作区域

Dreamweaver 与 Photoshop 一样，是浮动面板风格，可以拖动或调整面板的位置和组合，创建和编辑中的网页显示在“文档”窗口。

Windows 风格的菜单栏可以执行和浮动面板一样的操作，各主要菜单作用如下：

文件：文件操作的标准菜单选项。

编辑：文档编辑的标准菜单选项。此外，“编辑”菜单还提供对 Dreamweaver“首选参数”的设置。

查看：允许用户查看文档的各种视图模式，并且可以显示和隐藏不同类型的页面元素和 Dreamweaver 工具及工具栏。

插入：用于将各种对象插入用户的文档，也是“插入”面板的替代选项。

修改：允许用户更改选定的页面元素或项的属性。通过此菜单，可以编辑标签属性、更改表格和表格元素，以及为库和模板执行不同操作。

格式：设置文本的格式。

命令：主要提供 Dreamweaver 所支持的各种命令。

站点：提供用户管理站点及上传和下载文件的菜单项。

窗口：可以打开或关闭 Dreamweaver 中的所有面板、检查器以及对多窗口进行排版。

“插入”面板，可以将各种类型的网页元素（如图像、表格、Flash 等）插入文档中。同样，面板组中的操作也能通过菜单操作实现，正如“插入”面板的操作也能通过“插入”菜单来实现。

“文档”工具栏，包含一些按钮，主要是提供“文档”窗口视图的三种基本模式，包括设计视图、代码视图和拆分视图，各种查看选项和一些常用操作。

面板组，Dreamweaver 包含多个浮动面板，可以通过选择“窗口”菜单中的面板名称显示或隐藏面板或面板组。将面板叠加后便形成了面板组。

属性面板，用于查看和更改所选取对象的各种属性的面板。对象不同，属性面板也会不同。也就是当选择页面元素不同时，属性面板可设置的内容也会不同。默认的属性面板就是如图所示的文本“属性”面板，可以对应设置 HTML 中和文本相关的属性及页面属性。

图 3-19 中所圈选的向上三角形表示当前“属性”面板未完全展开；若三角形向下，则表示当前“属性”面板还有部分未展开。

图 3-19　文本“属性”面板

## 任务拓展

### 一、“文件”面板

“文件”面板也是 Dreamweaver 最常用、最主要的面板之一。它集成了站点管理的各种工具。在“文件”面板中点选最右侧的展开 / 折叠站点图标，展开完整“文件”面板。如图 3-20 所示。

图 3-20　文件面板

### 二、Dreamweaver 帮助系统

Dreamweaver 提供了操作方便、完善的帮助系统，可以通过“帮助”菜单打开，可以在各面板中点击“?”图标打开有关该面板的帮助。可以通过目录系统的查询，也可以通过索引和关键字搜索来寻找所需的帮助内容。如图 3-21 所示。

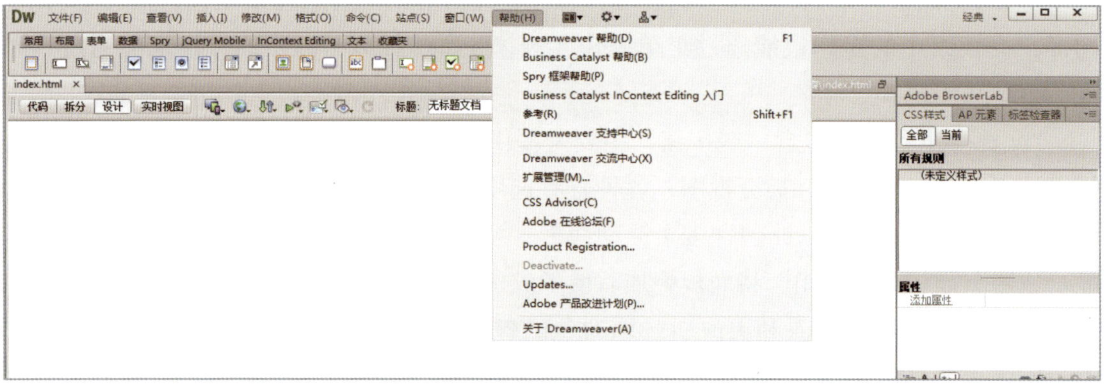


图 3-21　帮助面板

## 任务实训

做一份京东商城网站栏目结构图，并分析其特点。

# 任务三　表格插入编辑

## 任务引导

对于电子商务网站的设计与制作而言，首先是对网站首页的确定。网站首页又称网站主页，是用户了解整个网站的关键，也是体现整个网站的主题和制作风格的关键。在网页制作中，Photoshop 除了可以完成网站图像素材的编辑处理外，还能完成网站页面效果图的设计与制作，然后对效果图文件进行切片并最终导出生成页面图像素材及网页文件。通过对首页的设计与制作，有助于掌握常规电子商务网站的页面制作流程，为网站的子页面制作打下基础。本任务将通过对恒洁卫浴企业形象展示网站首页的制作来使学生掌握企业网站首页制作的主要流程。

## 任务实施

### 一、插入表格

点击工具插入栏中的“表格”图标，插入一个三行三列表格。如图 3-22 所示。

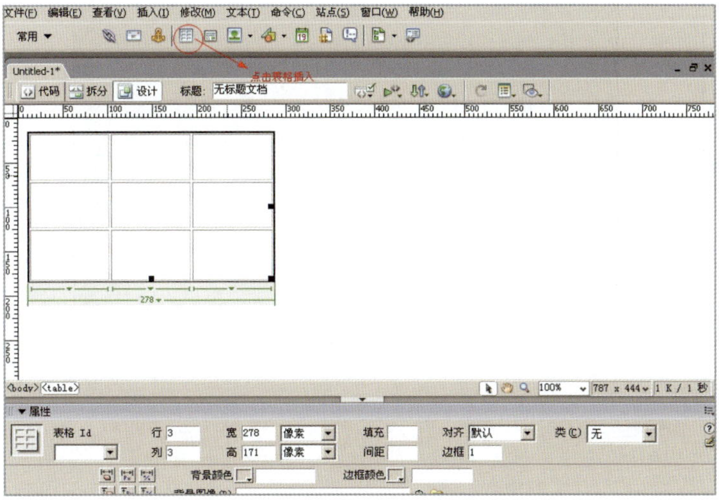


图 3-22　插入表格

## 二、对表格进行编辑

在可视化设计界面，可以对表格进行编辑，设置边框、宽、高、对齐方式，以及表格背景颜色或者背景图片。如图 3-23 所示。

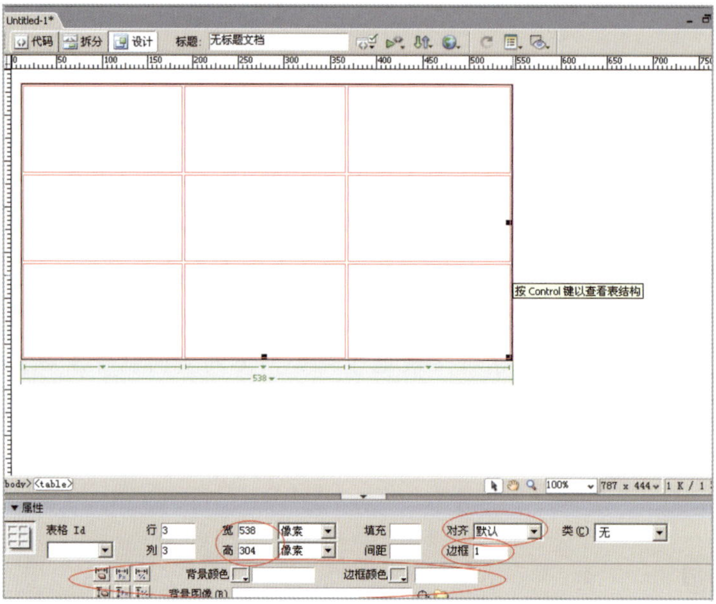

图 3-23　表格属性设置

设置后效果图如图 3-24 所示。

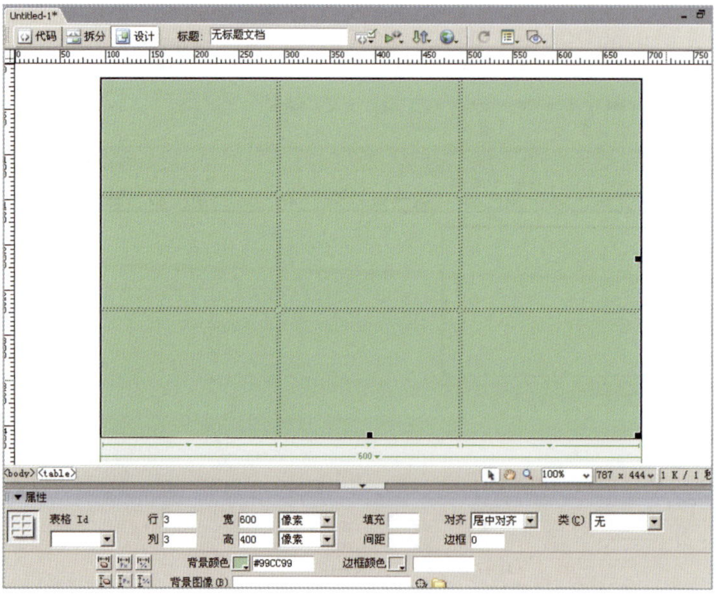

图 3-24　效果图

## 三、合并单元格操作

点击鼠标右键选择“合并单元格”，先对第一行三个单元格进行合并。也可以在代码视图中对第一个单元格进行属性设置：“colspan=3”，表示跨三列。如图 3-25 所示。

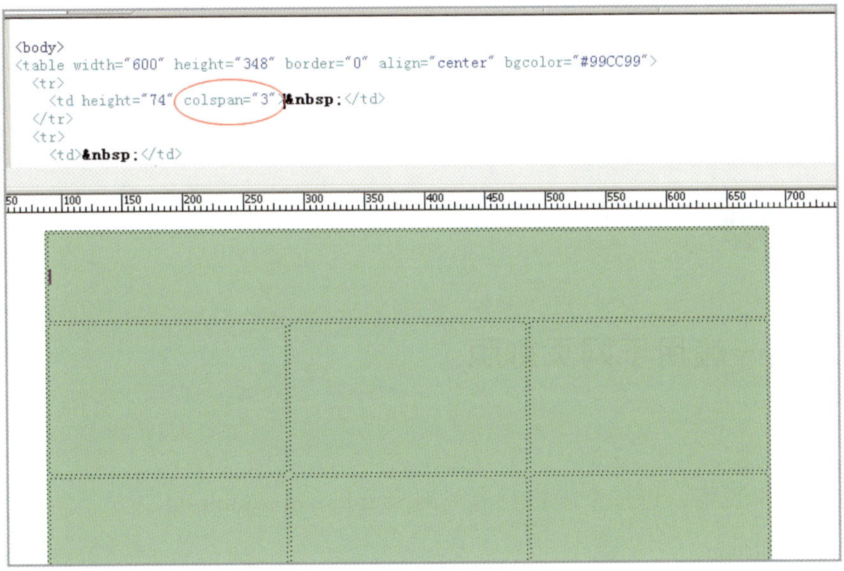


图 3-25　跨列合并代码视图及效果图

或者对单元格进行跨行合并。同样在代码视图中找到第一个单元格，对其属性设置“rowspan=3”，表示跨三行合并。如图 3-26 所示。

图 3-26　跨行合并代码视图及效果图

## 四、调整表格结构

在网页设计过程中，常常会根据需要对表格中的行、列进行增加和删除等操作，这类操作可以通过表格“属性”面板，“插入”菜单或“修改”菜单来完成。

（1）插入行或列。

（2）合并行或列。

（3）删除行或列。

# 任务分析

## 一、表格一般用于网页排版

<table>...</table>

用来定义一个表格，每一个表格只有一对 <table> 和 </table>。

<caption>...</caption>

定义标题。

## 二、表格的编写方法

设计一个完整的表格，至少需要以下 3 个标记：

<table> 标记

定义表格，这是每一个表格必需的标记。每一个表格只有一对 <table> 和 </table>，一张网页可以包含多个表格。

<tr> 标记

定义表格的行，一个表格可以有多个行，对于表格来说 <tr> 不是唯一的。

<td> 标记

定义单元格。在 <td> 和 </td> 中间显示单元格的具体内容。

## 三、表格的属性

### 1. 表头

<th> 标记表示表头。表头的字体和一般字体比，比较特殊。

### 2. 表格外观

width 属性：指定表格或某个单元格的宽度。
height 属性：指定表格或某个单元格的高度。
border 属性：指定表格边线的粗细。
bordercolor 属性：指定表格或某个单元格的边框颜色。

### 3. 表格标题

表格标题的位置，由 align 属性来设置。
设置标题位于表格上方：

```
<caption align=top> ... </caption>
```

设置标题位于表格下方：

```
<caption align=bottom>... </caption>
```

设置标题对齐：

```
left，right，center
```

### 4. 表格尺寸设置

宽度：width；高度：height。
边框尺寸：border。
单元格间宽度：cellspacing。
内容与单元格边框之间的宽度：cellpadding。

扫一扫

视频：表格插入

## 任务拓展

怎样操作表格嵌套?

（1）选中要插入表格的单元格，把光标定在此，然后将单元格垂直方式选择“顶端”。详见图 3-27 所示。插入后效果图如图 3-28 所示。

（2）点击“表格”，插入一个 2 行 1 列的表格，效果图如图 3-29 所示。

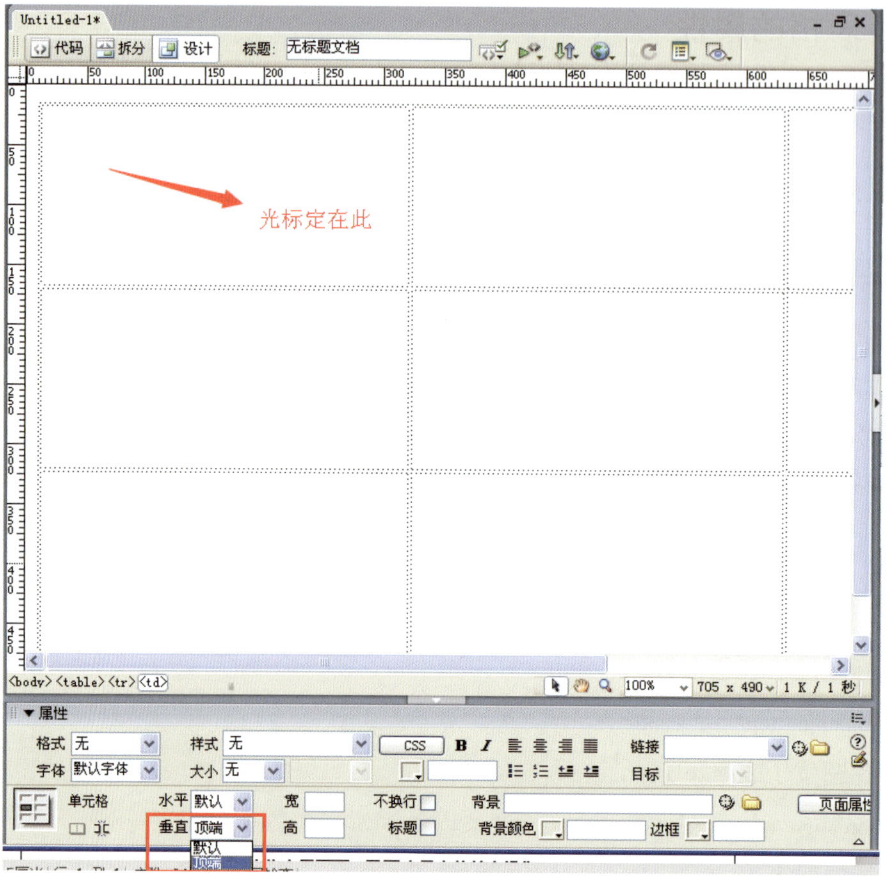


图 3-27　顶端插入

图 3-28　效果图

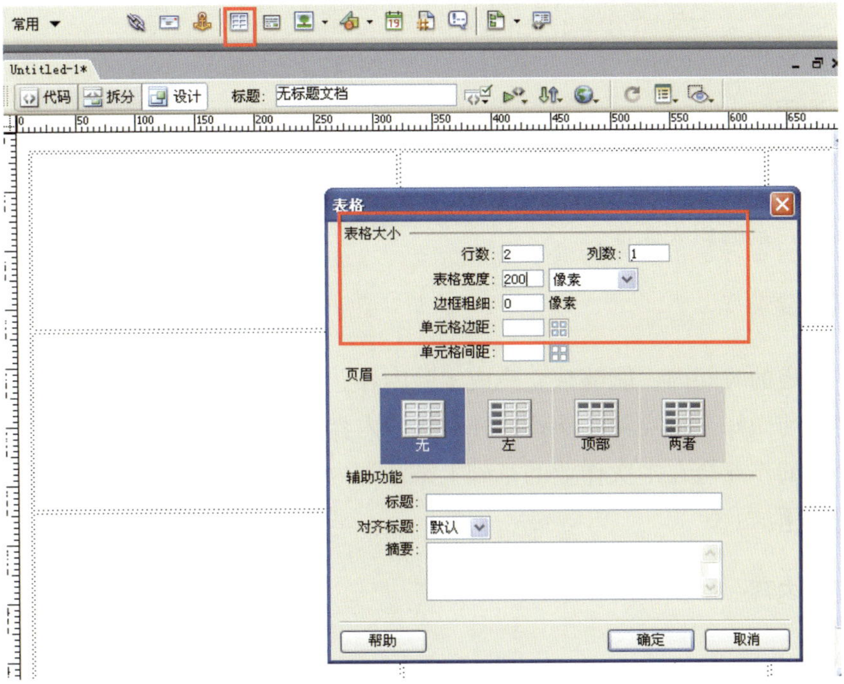


图 3-29　插入嵌套表格

插入后效果图如图 3-30 所示。

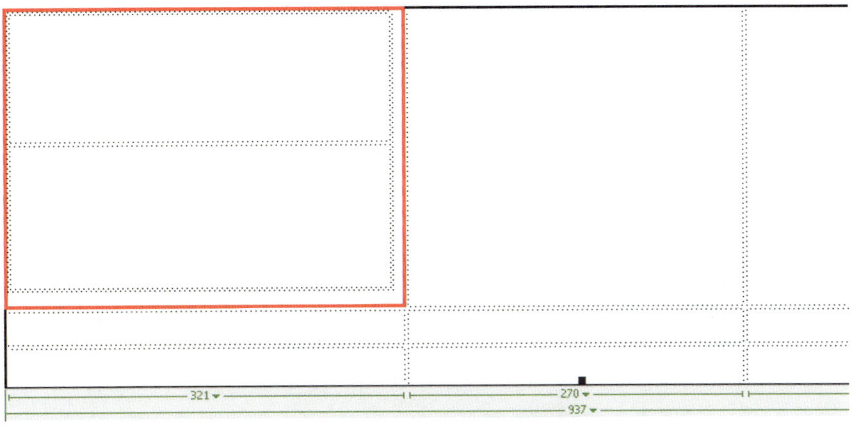


图 3-30　插入嵌套表格后效果图

## 任务实训

根据给定素材和元素，制作完成一个班级网站首页。

扫一扫

视频：表格编辑

# 表格布局页面及图片元素的基本操作

## 一、实训目的

掌握运用表格布局页面结构。

掌握图像元素的相关操作。

## 二、实训要求

（1）在规定的时间内，能够独立完成实验内容。

（2）实验前做好上机实验的准备，针对实验内容，认真复习与本次实验有关的知识。

（3）以后的作业会在本次作业的基础上来添加内容，所以大家务必把自己的作业保存起来，以备后用。

## 三、实训内容

### 1. 准备工作

在桌面上建立一个文件夹，以自己的学号 + 姓名命名。

在文件夹中建立名称为 class 的站点。

在站点创建文件夹：image（存放图片）、html（存放网页）、zwwj（存放文字素材）、wzsc（存放站外文件），以及 index.html 单独存放，无需文件夹，并将相应的素材分类放入相应的文件夹中。

本次实验做首页一张网页，网页的参考图如图 3-31 所示。要求导航栏上面的图片中班级名称改为自己班级名称。

图 3-31　网页参考图

2. 设计步骤

（1）给网页添加背景图片 bg.gif;

（2）在网页上添加一个 2 行 1 列的表格（简称为表格 1），表格属性如下：宽度为 733px；高度为 740px；边框为 0；居中对齐；填充、间距均为 0。如图 3-32 所示。

图 3-32　网页整体效果设计界面

（3）在表格 1 的第一行中顶端插入（方法：在属性面板中把“垂直”的属性设置为顶端即可）一个 2 行 6 列的表格（简称为表格 2），然后把第一行的 6 个单元格合并成一个单元格。如图 3-33 所示。

图 3-33　网页头部插入表格后效果图

在表格 2 的第一行中插入图片 top_bg.jpg（图片宽度 862px，高度 121px），第二行的 6 个单元格中分别插入相应的文字（字体大小 18px，居中）。

（4）在表格 1 的第二行中顶端插入一个 1 行 2 列的表格（简称为表格 3），如图 3-34 所示。

图 3-34　网页主体部分嵌入表格 3 的效果图

（5）在表格 3 左侧的单元格中顶端插入一个 2 行 1 列的表格（简称为表格 4），在表格 3 右侧的单元格中插入一个 4 行 1 列的表格（简称为表格 5），所有表格的填充、间距均设置为 0，在表格 5 的第一行和第三行中分别插入背景图片 ht.gif，然后在相应单元格中添加相应的内容。如图 3-35 所示。

图 3-35　嵌入表格 4 和表格 5 后网页效果图

# 任务四　首页制作

## 任务引导

页面制作是网站开发过程中的核心，熟悉页面制作流程及相关技术技巧是用户进行网页制作的必要条件。网站制作的过程包括：素材收集与创建、首页制作、二级页面制作、设置导航栏各链接、网页特效添加等。本任务主要的目标是首页制作。

通过本次任务，我们需要完成设计制作“尚美中心”网站首页。“尚美中心”是美容行业的一家小店铺，为了更好地在互联网时代下进行宣传与推广自身品牌，店主想设计制作一个网站。经过我们前期的分析与规划，网站首页制作效果图如图 3-36 所示。

图 3-36　网站首页效果图

## 任务实施

我们将通过表格布局方法来进行网页页面布局与制作，具体实施步骤如下：

## 一、建立站点

根据任务书要求，建立站点“company”，同时在E盘建立新文件夹，命名为company，效果图如图3-37所示。

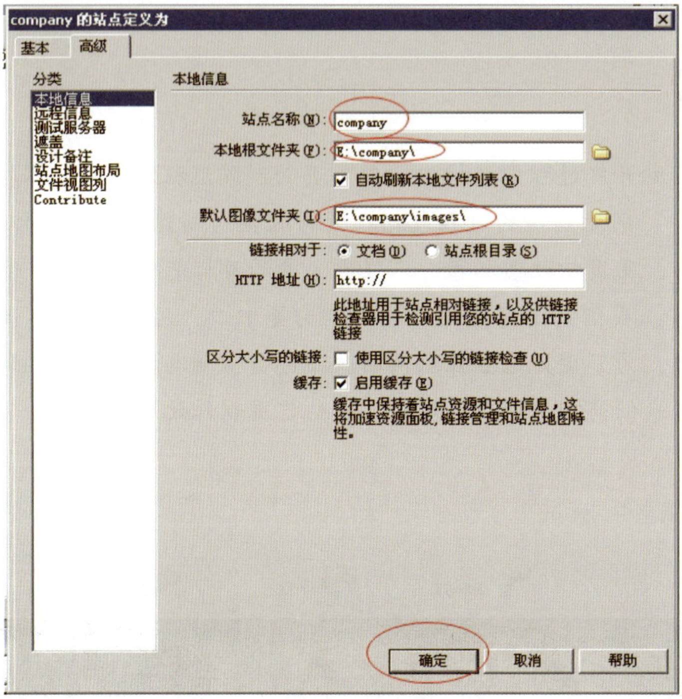


图3-37　创建站点

同时，将网页保存为index.html，如图3-38所示。

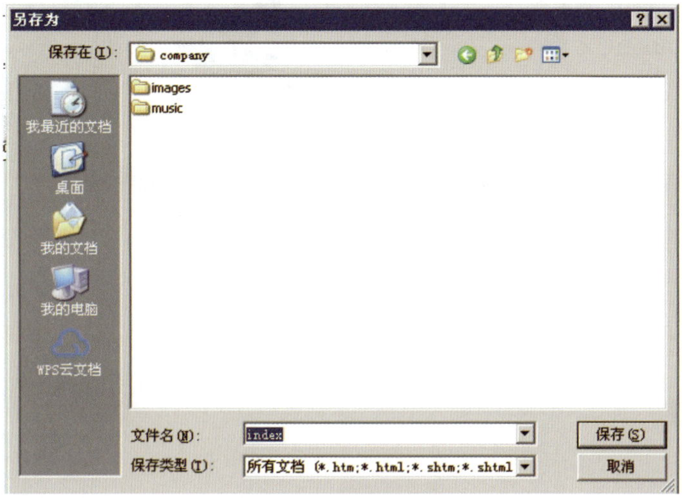


图3-38　网页保存

## 二、页面制作步骤

### 1. 网页页面背景色设置

首先将工具栏的状态切换为“拆分”，在 <body> 标签里面添加页面背景色属性“bgcolor=#d3ddc7”，具体操作如图 3-39 所示。

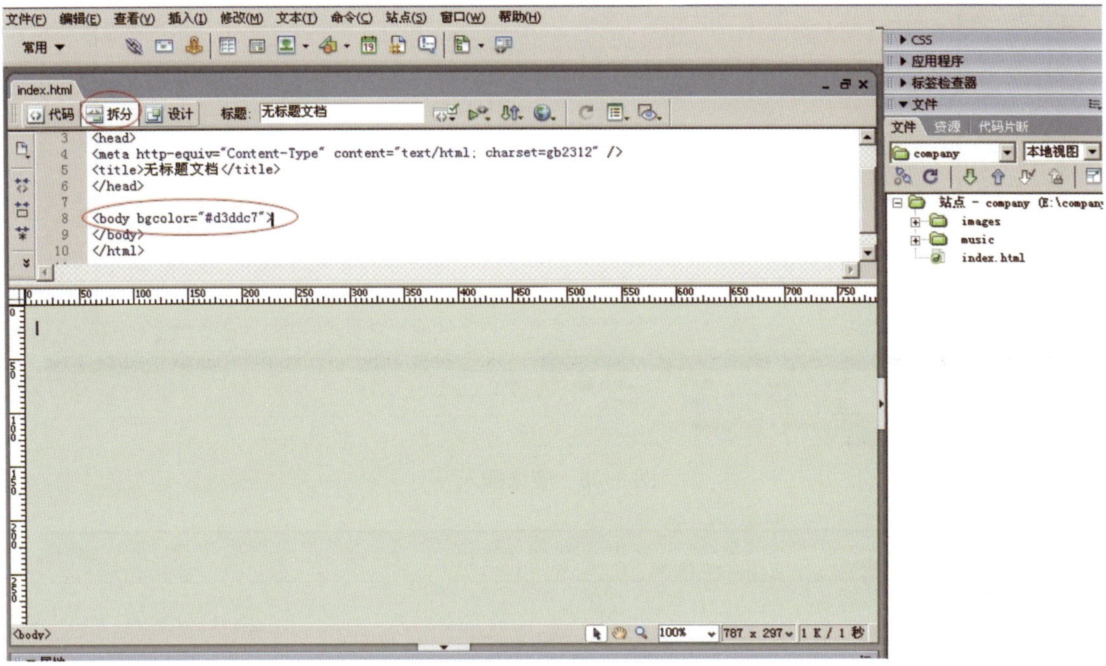


图 3-39　网页背景设置

### 2. 插入表格

（1）在插入栏上选择“表格”，插入一个 4 行 3 列的表格（简称表格 1），表格边框为 0，将表格的属性设置为 cellpadding=“0” cellspacing=“0” bgcolor=“#ffffff” width=“983px” height=“582px”，效果图如图 3-40 所示。

（2）将第一行的第一个单元格 td 属性设置为 width=“250px” height=“67px”，并在单元格中插入图片“logo.gif”，图片大小值不需要修改，默认即可，对齐方式为右对齐，第二个单元格中插入图片“daohan.jpg”，单元格宽度“528px”，将第三个单元格拆分成两列，拆分后左边的单元格的宽度设为“98px”，插入图片“tell_fd.gif”，右边的单元格插入图片“bottom2.gif”，单元格宽度“82px”。效果图如图 3-41 所示。

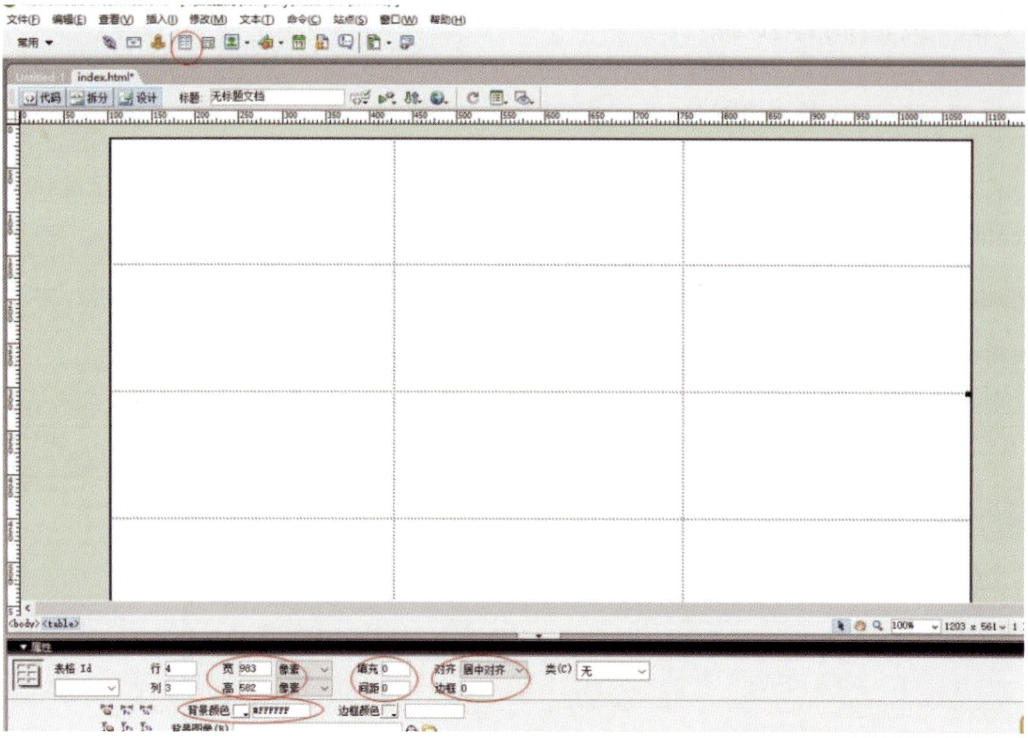


图 3-40　表格插入

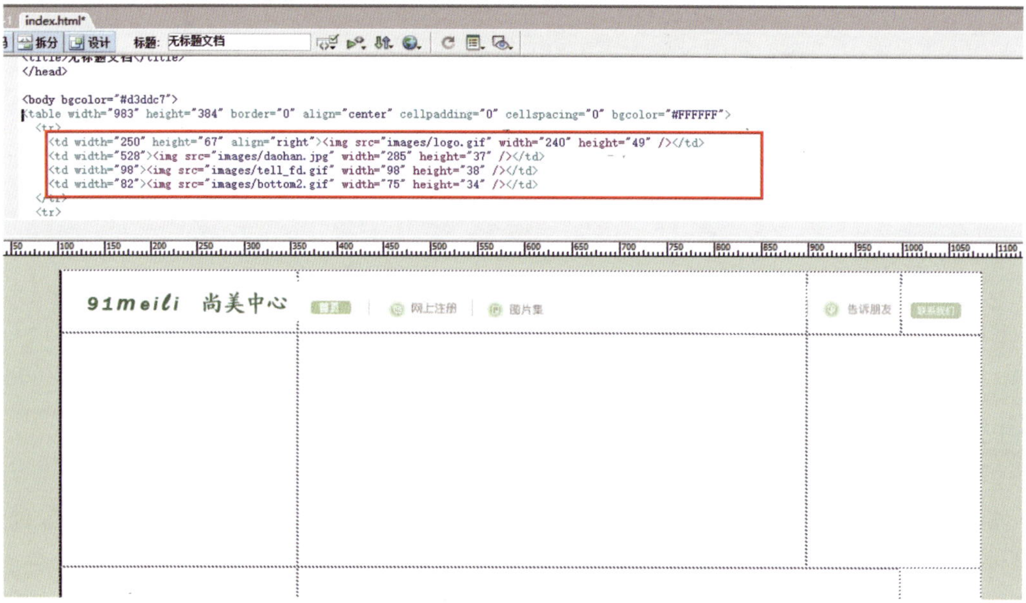


图 3-41　单元格属性设置

（3）把表格 1 的第二行、第三行的第一列单元格进行合并，同时单元格属性“valign”对齐方式为“top”，插入图片“yezi.jpg”，把表格 1 第二行的第二、三列单元格进行合并，并插入 Flash 图片“menu.swf”，效果图如图 3-42 和图 3-43 所示。

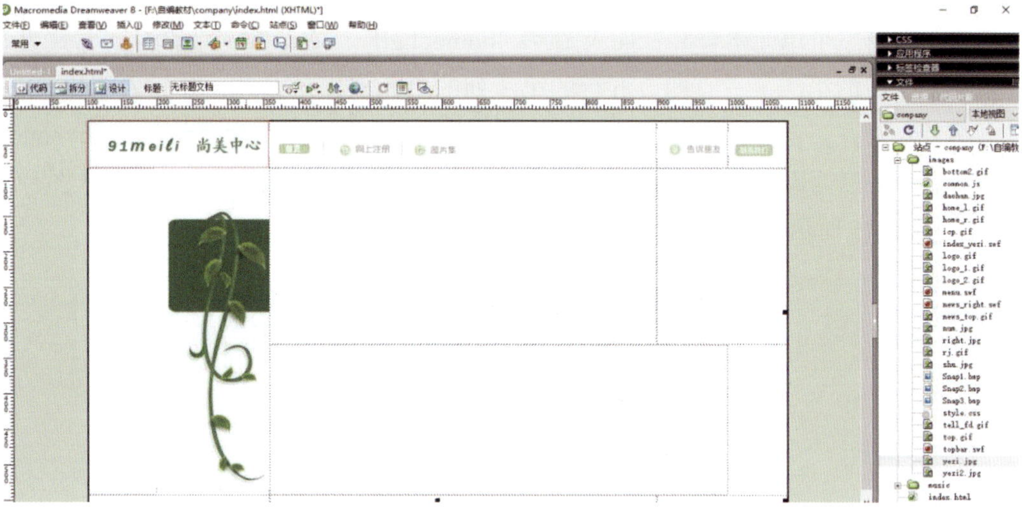


图 3-42　插入叶子效果图

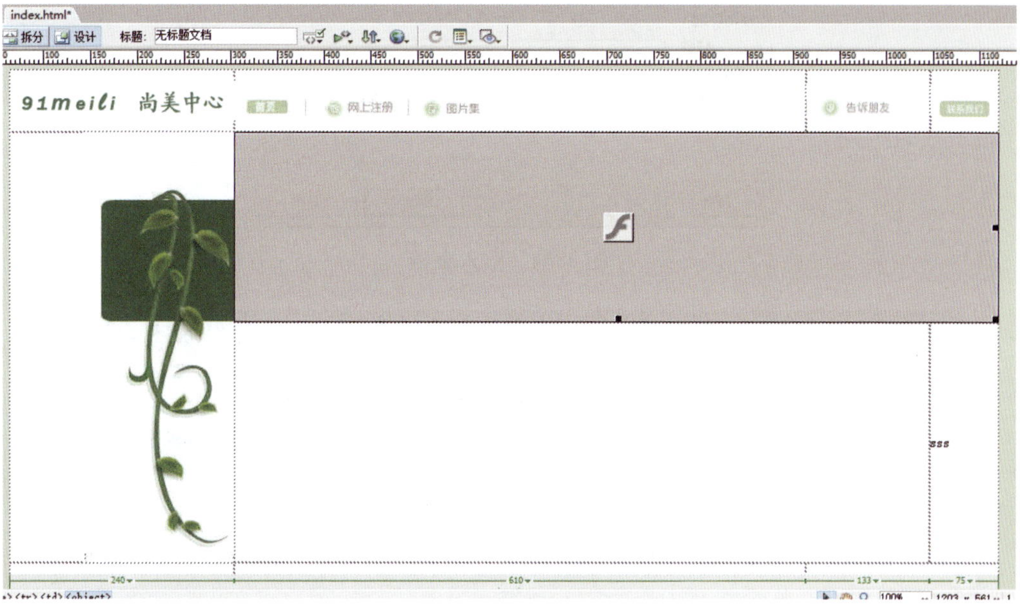


图 3-43　页面布局效果图

注：swf 格式为 Flash 类型图片，因此在设计页面时是看不到显示效果的，只有预览后才可以看到页面效果。

（4）在表格 1 第三行中把单元格进行合并，之后在合并后的单元格中顶端（点击单元格属性，“垂直”选择“顶端”即可）插入一个 5 行 4 列的表格（简称表格 2），插入相应的图片，宽度、高度自行设计调整。表格 2 的第一行的三个单元格进行合并，插入图片 news_top.gif，单元格高度为“34px”，与图片高度一致。在表格 2 的第二、三、四行中插入相应的图片和文字即可。文字内容为："清莹一夏，润白一夏"；"分享花草的秘密－分享美丽"；"太平洋 5·1 特别活动"。字体颜色为"#6e933c"，大小为"12px"。表格 2 的第五行的第一、第二个单元格合并，插入图片"home_l.gif"，右对齐，垂直对齐方式为底部对齐。把表格 2 的第二、三、四、五行的第 3 列的单元格进行合并，并插入图片"home_r.gif"，图片左对齐，合并后的单元格宽度为"148px"，垂直的对齐方式为"valign=bottom"，图片的宽度和高度为默认，不需要设置。把表格 2 的第四列单元格合并，并插入图片。如图 3-44、图 3-45 所示。

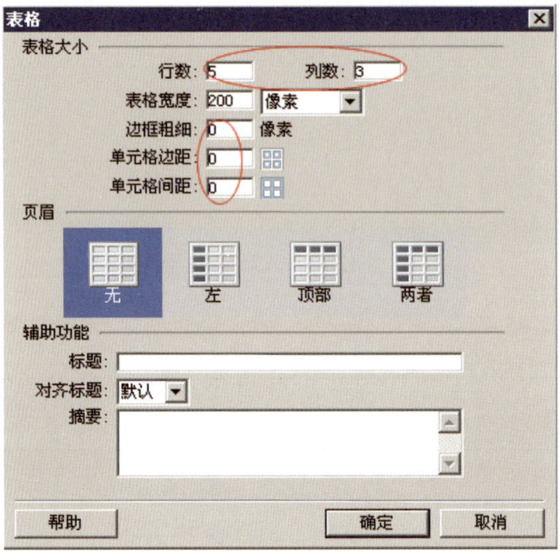


图 3-44　插入表格

图 3-45　插入素材后界面

完成该步操作后可以按“保存”按钮，并按 F12 键进行预览，预览效果图如图 3-46 所示。

图 3-46 部分预览效果图

（5）表格 1 第四行的文字为：“Copyright@2011 AMORE PACIFIC All Rights Reserved | 法律条款 designed by ×× 电商 × 班 ××××”，字体大小为“12px”。该行的单元格的背景色属性为：<td bgcolor=#c0d5a6 height="32px">，界面设计如图 3-47 所示。

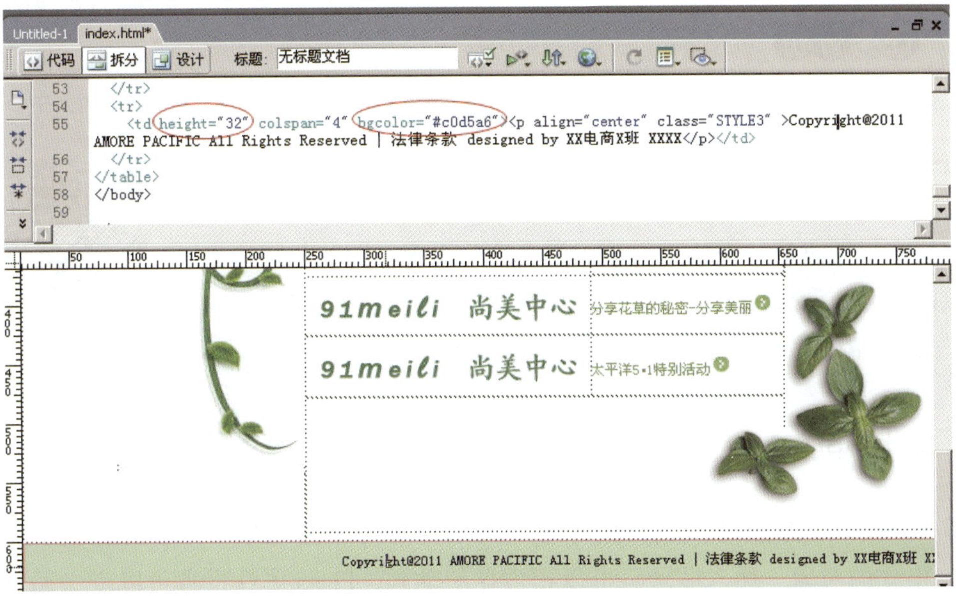


图 3-47 首页设计界面

最后，按“Ctrl+S”键进行保存，并按 F12 键进行网页预览，预览效果图如图 3-48 所示。

图 3-48　首页效果

完成后，可以关闭 Dreamweaver 软件，同时将文件夹进行学生端作业提交。

扫一扫

视频：首页布局
——尚美中心 1

## 任务分析

### 一、表格属性

扫一扫

视频：首页布局
——尚美中心 2

表格布局网页时，需要进行单元格属性的设置，图片与图片之间缝隙的消除，调整好图片与单元格高度宽度后，同时还需要设置“table”属性中的“border=0 cellpadding=0 cellspacing=0”。

### 二、Flash

插入 Flash 的方法可以点击菜单栏“插入”→“媒体对象”→“flash”，即可插入“.swf”格式的对象。插入后预览可以正常显示动画，Flash 属性设置可以点击插入对象，在属性栏进行设置。

使背景透明的参数如下：

切换到代码视图，找到插入 Flash 的代码，添加一行新参数：

```
<param name="wmode" value="transparent">
```

## 任务拓展

在网页中使用表格布局时，经常使用嵌套表格，因为嵌套表格可以使页面布局更为合理，以及方便具体网页元素的填充。利用表格中跨行跨列的合并拆分并不能满足很多常见的页面布局需求，如第一行需要 4 个单元格，而第二行需要布局与第一行相错的 3 个单元格，此时使用单一表格的拆分合并就无法解决，但可以通过嵌套表格来解决。

嵌套表格的宽度一般使用百分比的相对值来表示，这时的百分比是指相对于被嵌套单元格的宽度，这样方便于定位和判断修改表格合适的大小。

## 任务实训

根据前面所学内容，为 2020 年 S 市金秋购物节网站设计一个首页，具体项目背景材料如下：

### 1. 项目背景

2020 年 10 月 1 日，S 市金秋购物节活动启动，本次活动以“越惠悦生活”为主题，包括购物狂欢节、嗨玩嘉年华、魅力中秋夜、醉潮江湖季、汽车博览会、金秋“油”礼节、经典巡回展、健康养生节以及桨声水月诗话 S 市、越爱马拉送等十大系列活动。今年金秋购物节的最大亮点在于多部门联合发力普惠消费者。市商务局有关负责人表示，商务、文旅、体育等部门都将整合各领域优惠资源，推出丰富多彩的消费活动。政府、企业及互联网平台将深入合作，线上为市民提供消费券、打折优惠，线下以该市特色步行街和特色夜市为亮点，线上线下共为市民提供超过 2 亿元的优惠。

### 2. 要求

（1）建立站点名为“shopping”的站点和文件夹，新建存放图片的“images”文件夹；

（2）画出金秋购物节首页规划结构图，确定导航和布局方式；

（3）根据给定素材等进行首页设计制作，突出金秋购物节活动主题和内容。

# 任务五　div+CSS布局网页——一列布局

## 任务引导

网页布局是根据网页规划而做出的对网页栏目、网页元素等的具体排版。网页布局有利于对网页的总体把握。采用 div+CSS 的布局方法有很多优点，如结构清晰，可以缩短页面代码，具有强大的字体控制和排版能力，提高易用性，表现和内容相分离，可以更好地控制页面布局等。因此在网站首页布局和美化时采用 div+CSS 布局是一种常用和高效的方法，也是一个建设优秀网站的基础。本任务目标主要是通过 div+CSS 布局方式，完成一列布局效果图，进行固定宽度和页面设置等。如图 3-49 所示。

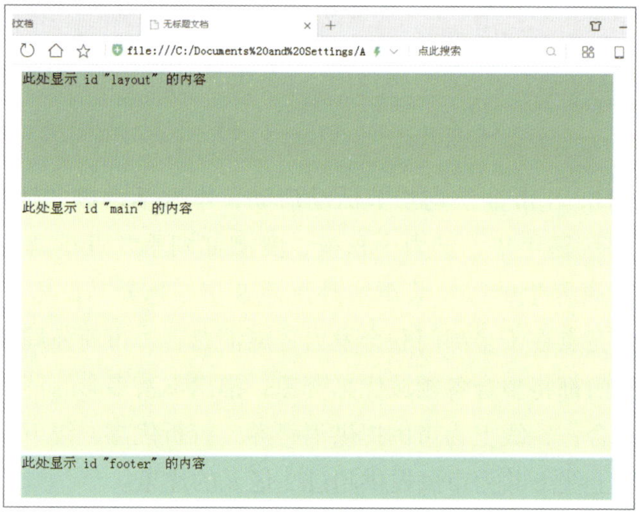


图 3-49　一列布局效果图

## 任务实施

### 一、插入 div

首先新建一个网页。如图 3-50 所示。

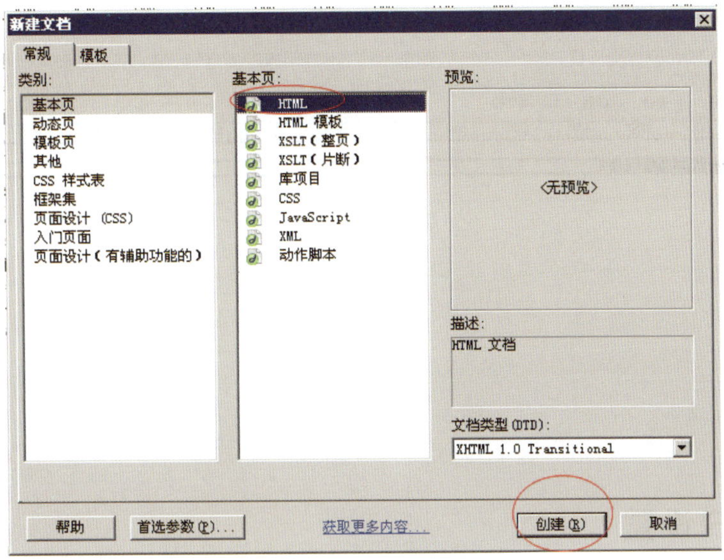


图 3-50　插入新建 HTML 网页

接下来在页面中插入一个 div 标签，我们可以点击工具栏的“插入 Div 标签”按钮，在打开的对话框中的 ID 项给这个 div 命名，我们给它起个名叫 layout（可以根据自己需要命名）。如图 3-51 所示。

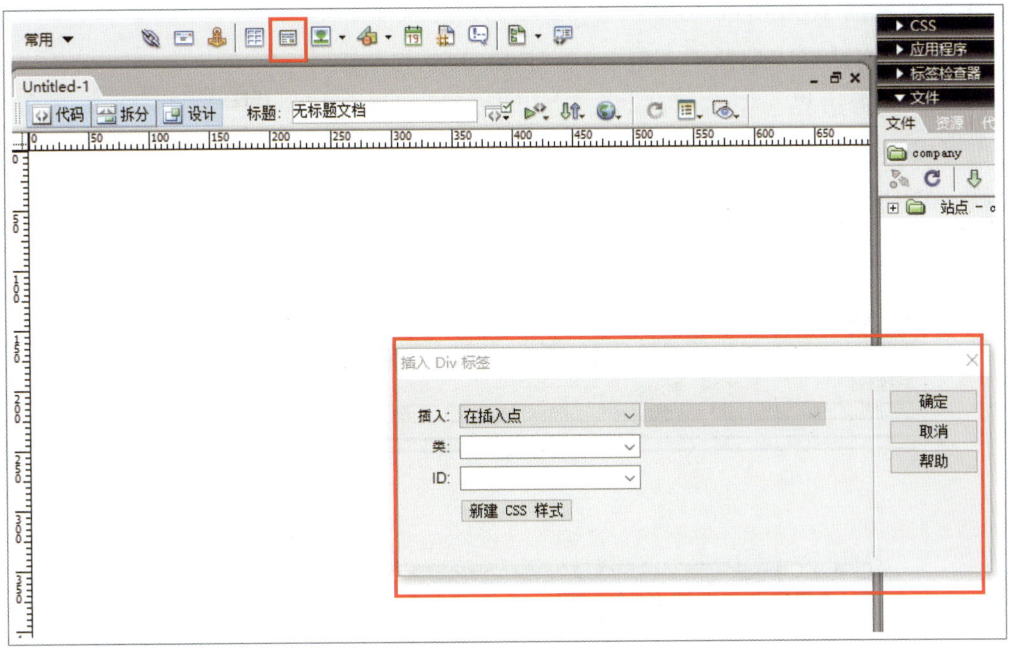


图 3-51　插入 div

插入后效果图如图 3-52 所示。

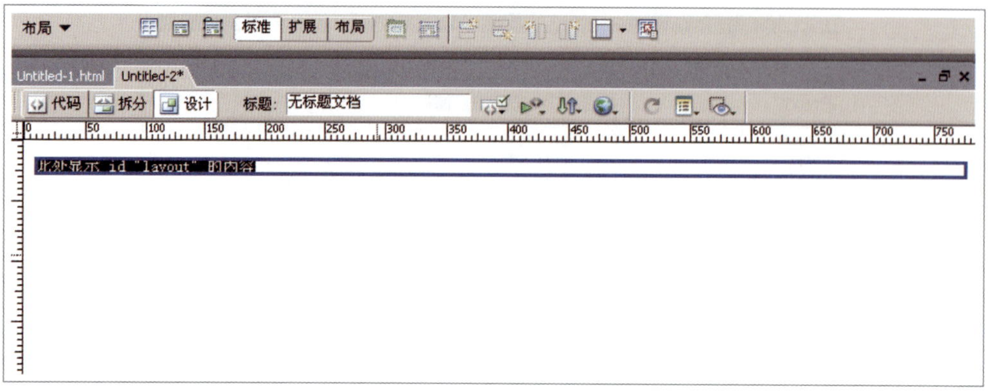

图 3-52 插入 div 效果

## 二、CSS 设置

插入 div 后，在右侧的 CSS 样式面板中，定义 id 为 layout 的样式，确定后在打开的 CSS 编辑对话框的方框选项中设计宽度 500px，高度 300px。为了看得更清楚，我们把这个 div 设置个背景色，这样就能预览出大小和位置了。效果图如图 3-53 和图 3-54 所示。

在弹出的对话框中选择“方框”，可对 div 的宽和高进行设置，同时设置边界，左右“自动”，方可对所设列进行居中，也可以设置上下左右的边距，用具体数值表示。也可以对左侧分类中的其他几个模块进行设置。效果图如图 3-55 和图 3-56 所示。

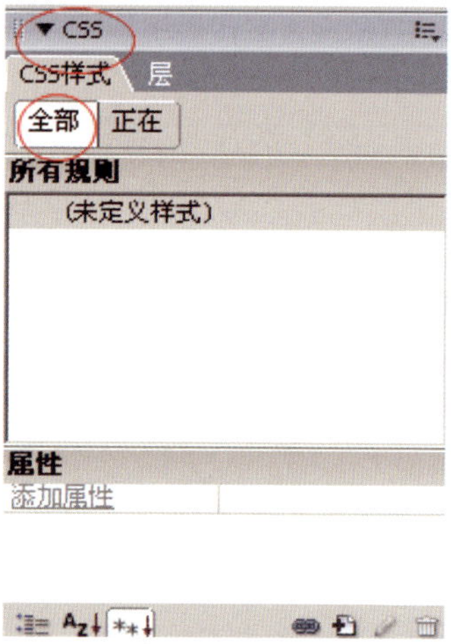

图 3-53 CSS 面板

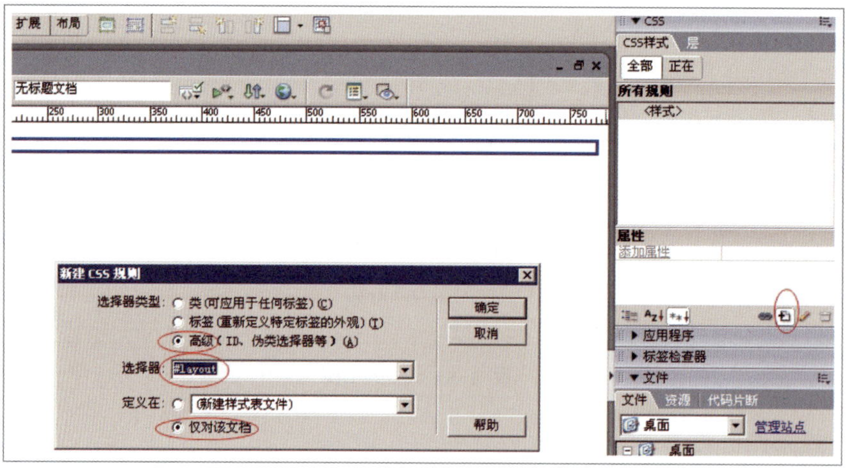

图 3-54 新建 CSS

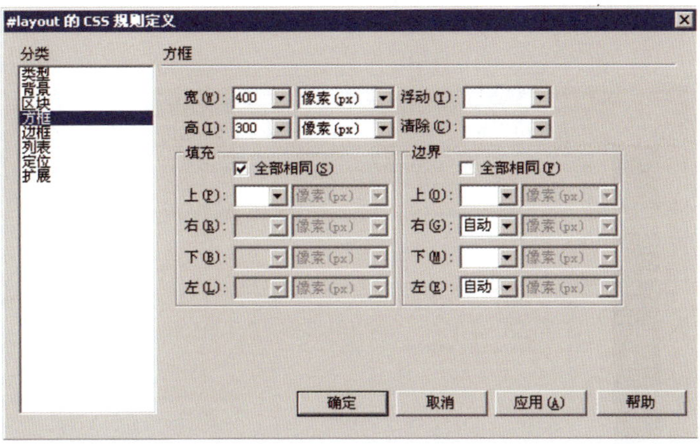


图 3-55　#layout 方框设置

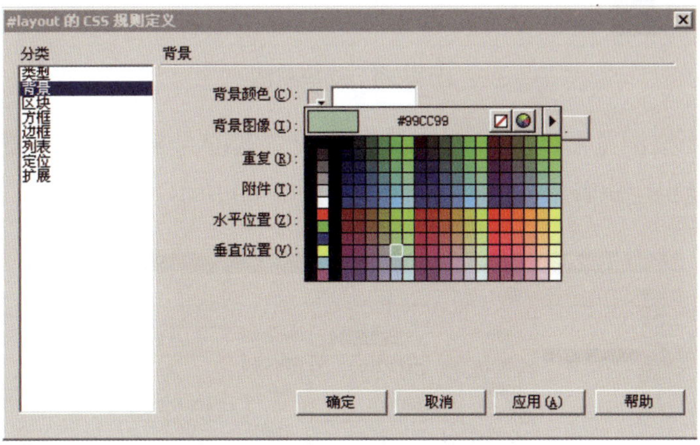


图 3-56　#layout 背景设置

设置完成后效果图如图 3-57 所示。

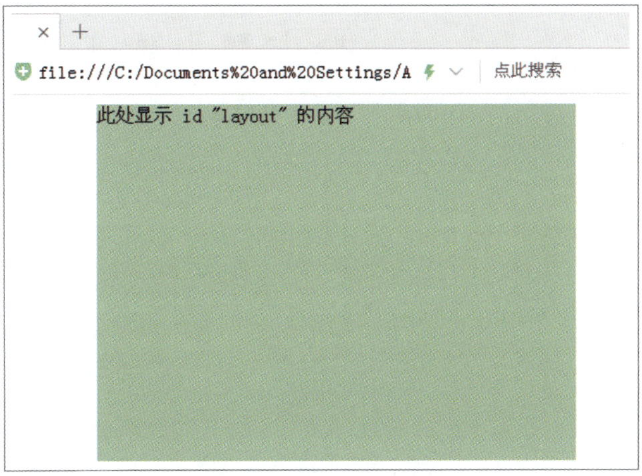


图 3-57　#layout 预览效果

点击代码视图可以查看网页代码。如图 3-58 所示。

图 3-58　代码视图

如果我们需要按浏览器的 80% 显示，那么设置宽度为 80%，当改变浏览器窗口大小时，盒模型的宽度也会跟着改变。如图 3-59 和图 3-60 所示。

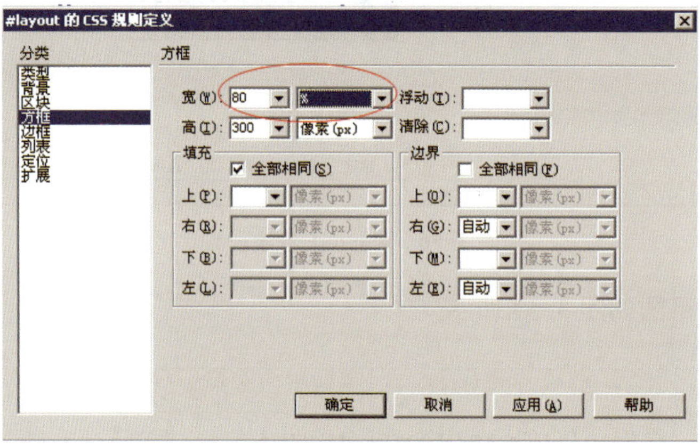


图 3-59　宽、高设置

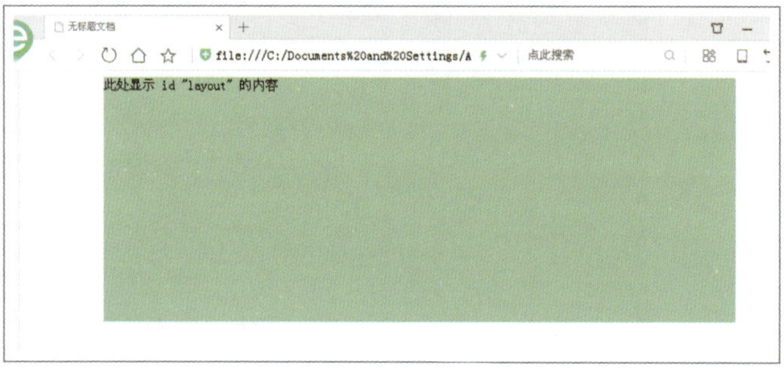


图 3-60　效果预览

# 三、一列二至多块布局

平时我们在网页设计布局时，采用上中下布局结构较多，因此在这里我们要学会一列三行的布局结构。接下去我们以三行为例进行设计。

为了便于布局和操作，我们对三行设置不同的背景色以进行区分。

插入第二行的操作可以用下面两种方式，第一种是直接拆分视图，把光标定在 <div> 结束语之后，进行第二个 div 插入，如图 3-61 所示。

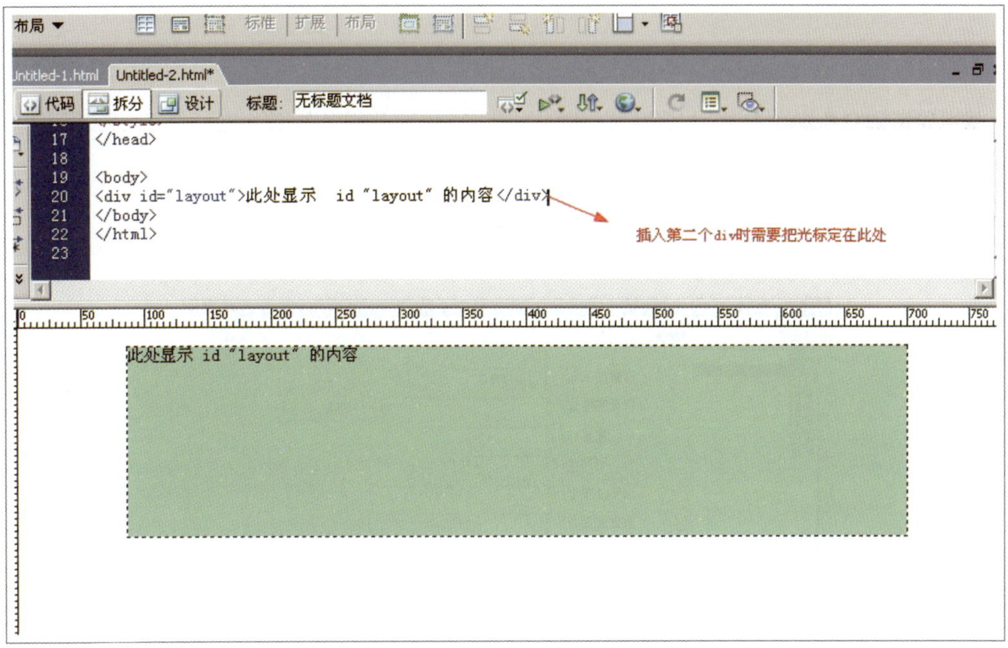


图 3-61　插入第二行 div

第二种是直接在插入时选择“在标签之后”，如图 3-62 所示。

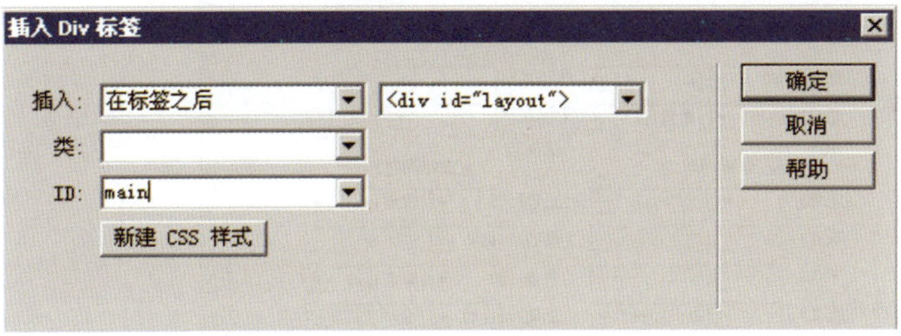


图 3-62　插入 div

扫一扫

视频：一列二至多块和两列横向布局

插入后效果图如图 3-63 所示。

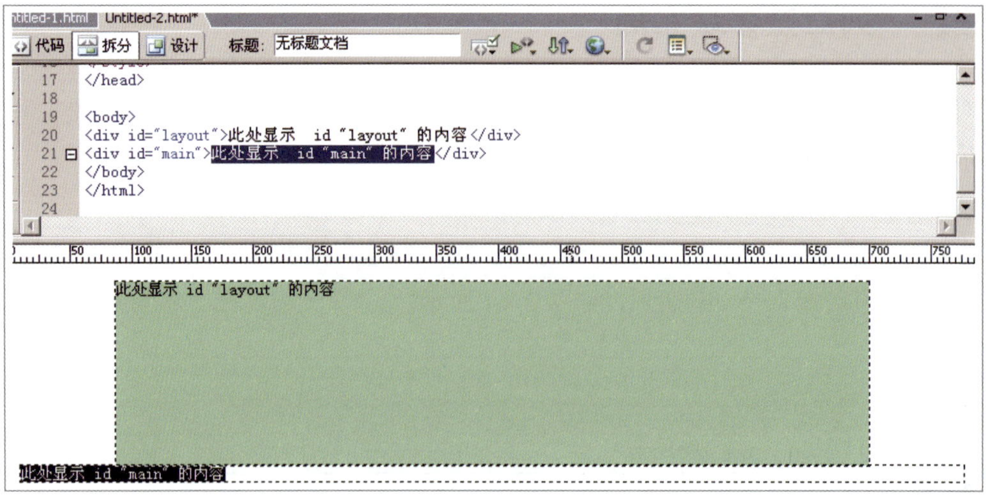


图 3-63　插入后效果图

接下去进行 CSS 样式设置，如图 3-64 和图 3-65 所示。

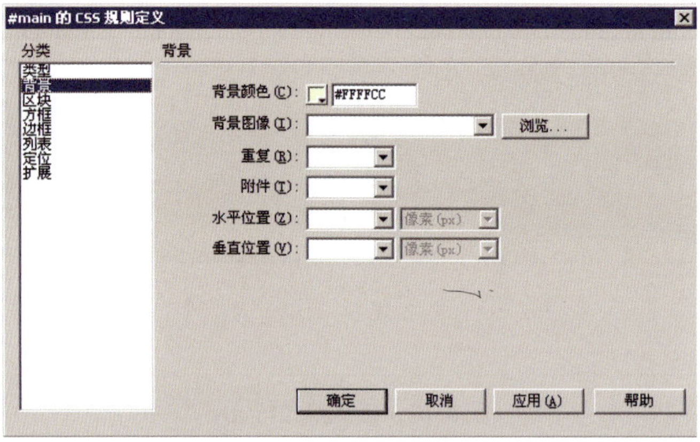


图 3-64　#main 背景设置

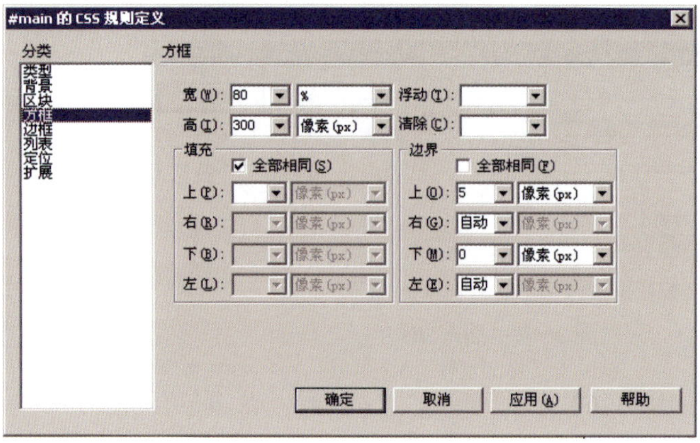


图 3-65　#main 方框设置

设置完成后效果图如图 3-66 所示。

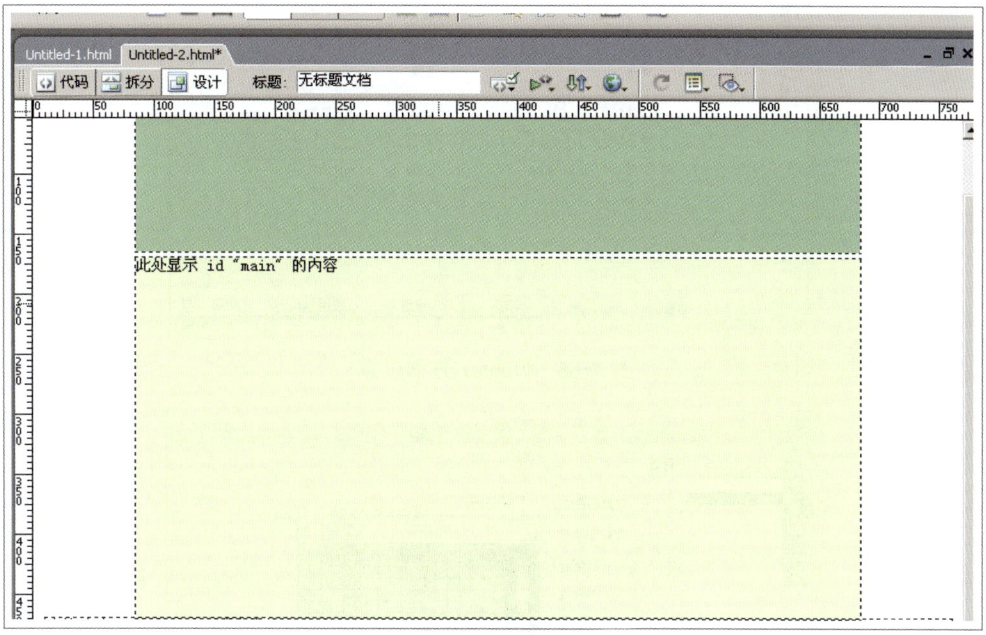


图 3-66　#main 设置后效果预览

第二行设置完成后，用相同的方式完成第三行设置。如图 3-67、图 3-68 和图 3-69 所示。

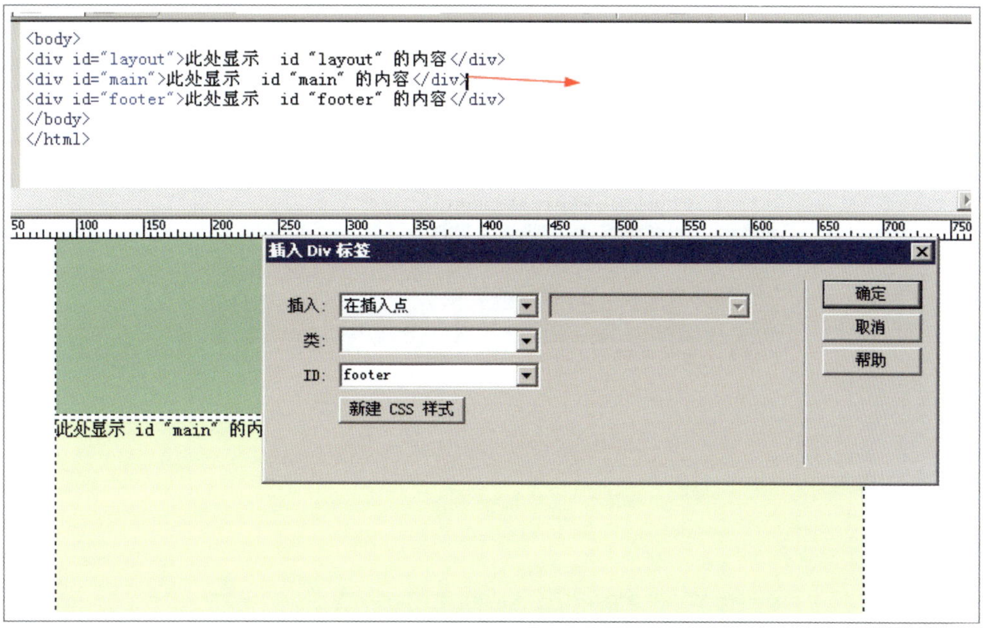


图 3-67　插入第三行 div

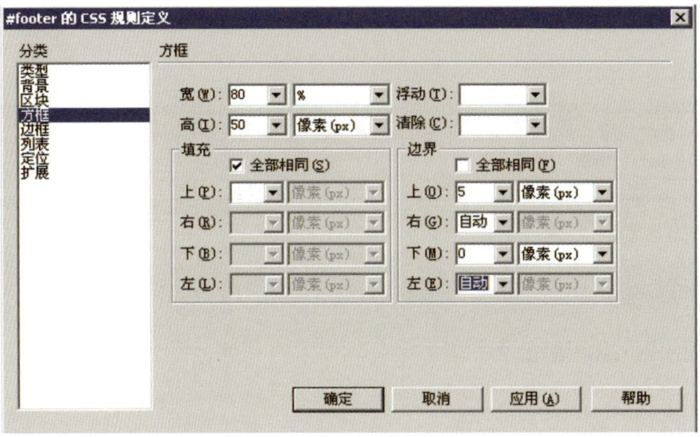


图 3-68 #footer 方框设置

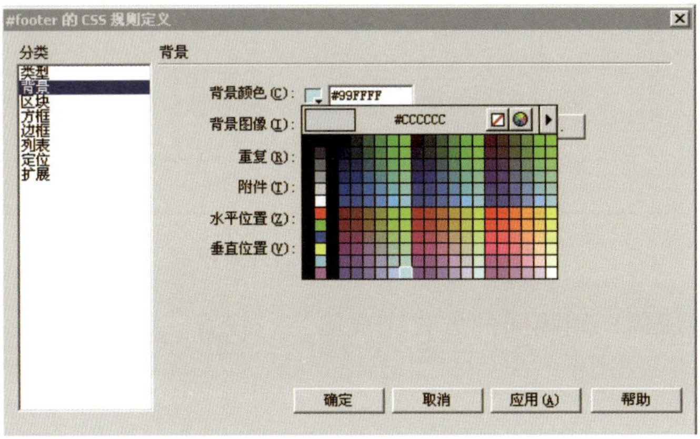


图 3-69 #footer 背景设置

设置完成后按 F12 键预览，保存网页“一列 .html”，效果图如图 3-70 所示。

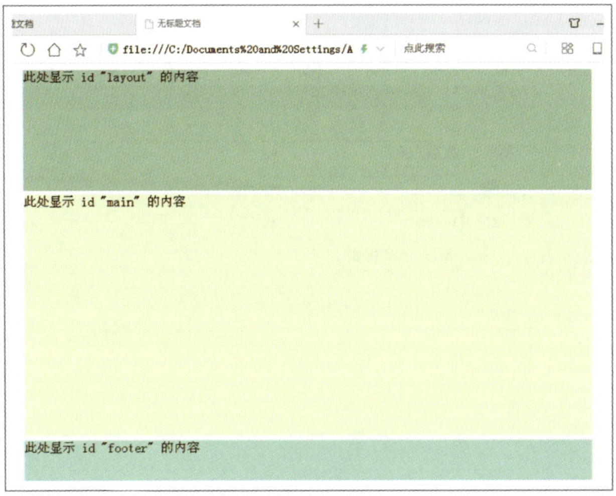


图 3-70 效果图

## 任务分析

扫一扫

视频：div 布局两行

### 一、CSS 缩写

CSS 的许多属性是可以缩写的，这样便于阅读和修改，减少代码量，设置方法如图 3-71 所示。

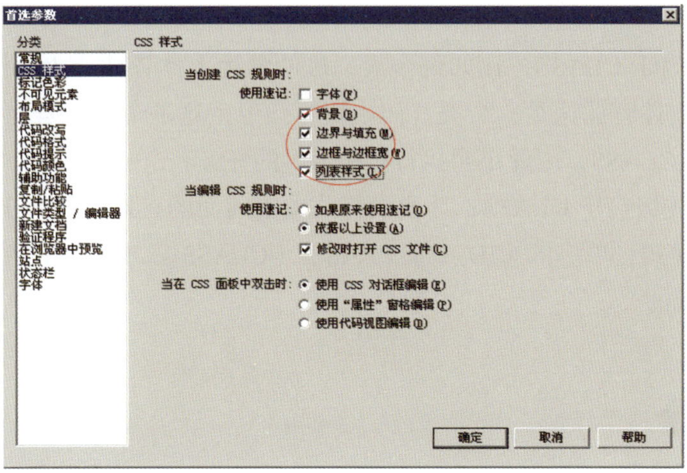


图 3-71　CSS 缩写样式设置

把需要缩写的项目选中，再生成的 CSS 代码即为缩写形式了。这里所说的是多个属性合并到一块的缩写形式。另外，颜色值也可以缩写。比如颜色值为 #ff6600，可以缩写为 #f60; 两位两位一样的才可以缩写，像 #c2c2c2 是不可以缩写的。

### 二、CSS 语法

CSS 语法如图 3-72 所示。

```
#layout {color:#f00; border:1px solid #ccc;}
```

图 3-72　CSS 语法

红色：CSS 选择器　蓝色：CSS 属性　绿色：值

CSS 语法由三部分构成：选择器可以是 ID、CLASS 或标签；属性和值用来定义这个物件的某一个特性，如一张桌子的长是 120cm，宽是 60cm，套用 CSS 的格式为：桌子 { 长 :120cm; 宽 :60cm;}。

## 三、ID 和 CLASS 选择器

类是指定义一个 CLASS，可以多个对象引用；

标签是指对默认的 html 标签进行重新定义，如可以定义 body{margin:0}，意思是将 body 的外边距设置为 0，h2{color:#f00} 是将所有 h2 标签的文字颜色设置为红色；

ID 是以 # 开始，ID 只能作用于一个对象，不能作用于多个对象，优先级高于 CLASS。

ID 只能在页面中对应一个元素，就像我们的身份证号一样，每个人的都不一样；CLASS 为类，可以对应多个元素，比如说一年级三班的学生，它所对应的可能是 10 个或 20 个学生。

ID 的优先级高于 CLASS，比如说今天三班的学生上体育课，小明留下来打扫卫生。那么三班的学生上体育课这是一个类，而小明打扫卫生这是个 ID，虽然小明也是三班的学生，但 ID 高于 CLASS，因此小明执行打扫卫生的任务。

总结：ID 优先级高于 CLASS；后面的样式覆盖前面的；指定的高于继承；行内样式高于内部或外部样式；单一的（ID）高于共用的（CLASS），有指定的用指定的，无指定的则继承离它最近的。

## 任务拓展

## 一、加载 CSS

加载 CSS 样式有外部样式、内部样式、行内样式、导入样式。

```
<link href="layout.css" rel="stylesheet" type="text/css" />
```

这种形式是把 css 单独写到一个 css 文件内，然后在源代码中以 link 方式链接。它的好处是不但本页可以调用，其他页面也可以调用，是最常用的一种形式。

```
<style>
h2 { color:#f00;}
</style>
```

这种形式是内部样式表，它是以 <style> 和 </style> 结尾，写在源代码的 head 标签内。这样的样式表只能针对本页有效，不能作用于其他页面。

## 二、盒模型

详见图 3-73。

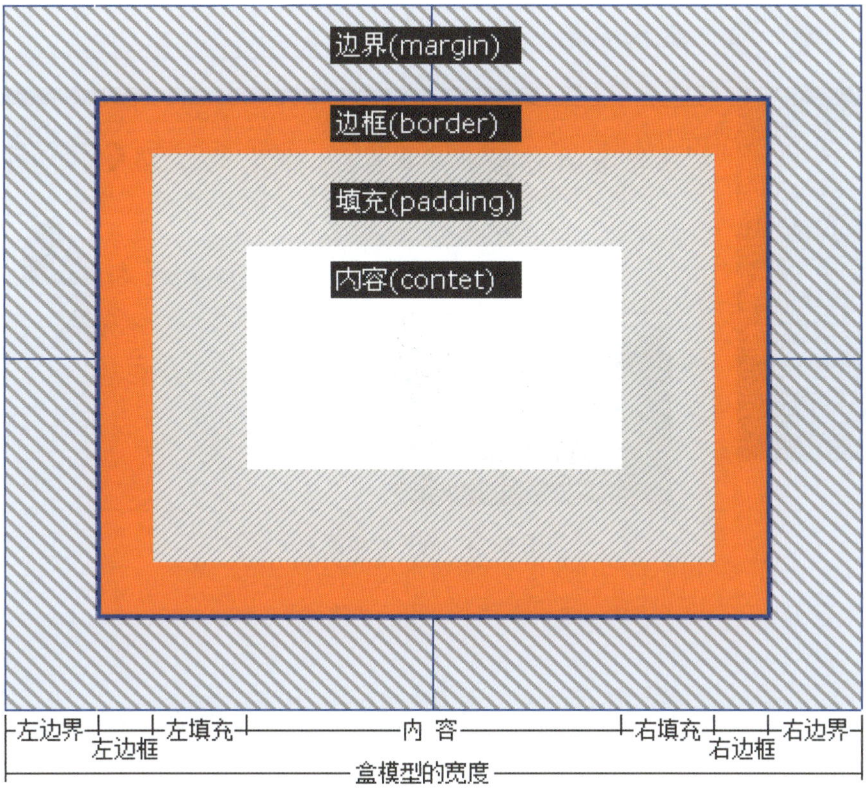


图 3-73　盒模型

我们可以把它想象成现实中上方开口的盒子，然后从正上方向下俯视，边框相当于盒子的厚度，内容相对于盒子中所装物体的空间，而填充相当于为防震在盒子内填充的泡沫，边界相当于在这个盒子周围要留出一定的空间，方便取出。这样就很容易理解盒模型了。

整个盒模型在页面中所占的宽度由左边界 + 左边框 + 左填充 + 内容 + 右填充 + 右边框 + 右边界组成，而 CSS 样式中 width 所定义的宽度仅仅是内容部分的宽度，这点很容易搞混。

这里的边界我们也称之为外边距、外补丁；填充也叫内边距、内补丁。

扫一扫

视频：**div+CSS** 的布局基础

## 任务实训

用 div+CSS 布局下列网页框架（见图 3-74）。

图 3-74　网页框架图

# 任务六　两列和三列布局

## 任务引导

本任务目标通过 div+CSS 设置，完成三列居中显示网页效果图（见图 3-75）。

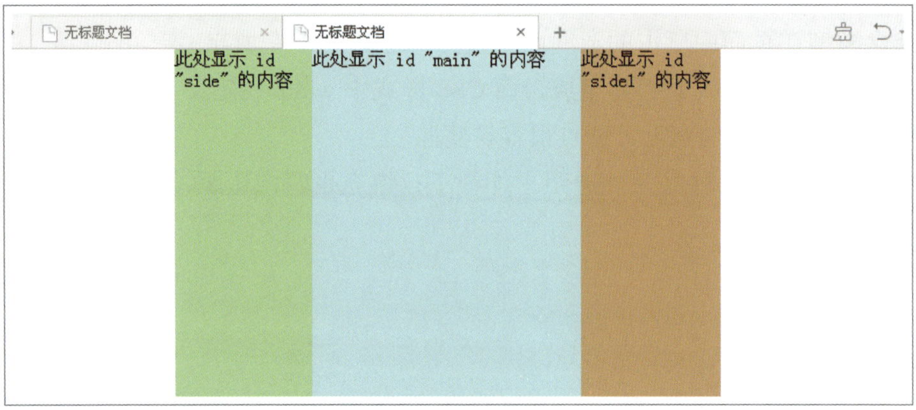


图 3-75　效果图

# 任务实施

## 一、两列自适应宽度

下面以常见的左列固定、右列自适应为例。因为 div 为块状元素，默认情况下占据一行的空间，要想让下面的 div 跑到右侧，就需要做助 CSS 的浮动来实现。首先创建 html 代码如下：

```
<div id="side"> 此处显示 id "side" 的内容 </div>
<div id="main"> 此处显示 id "main" 的内容 </div>
```

接下去进行 id 属性设置，先创建 #side 的 CSS 样式，为了便于查看设置了背景色，背景色设置属性值见图 3-76 所示，同时设置 #side 方框样式，注意 side 的浮动设置为向左浮动，设置值如图 3-77 所示。

图 3-76　#side 背景设置

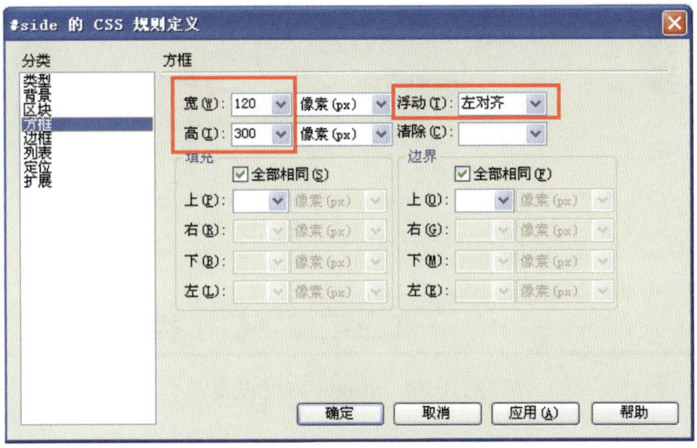


图 3-77　#side 方框设置

再新建网页主体部分的 CSS 样式，新建 #main，步骤如图 3-78 所示。

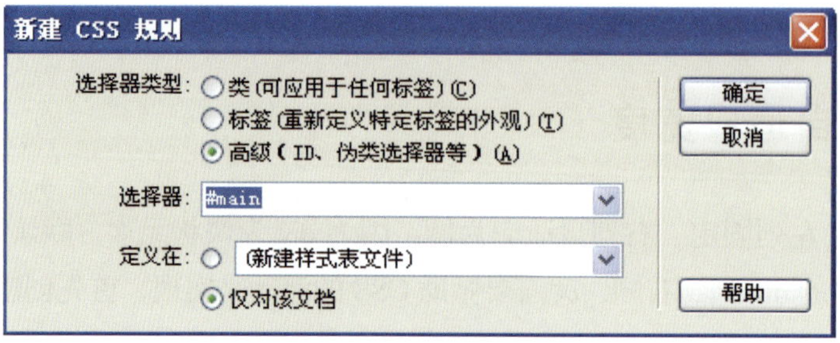


图 3-78　#main 新建 div

对 #main 进行 CSS 样式背景和方框设置，如图 3-79、图 3-80 所示。

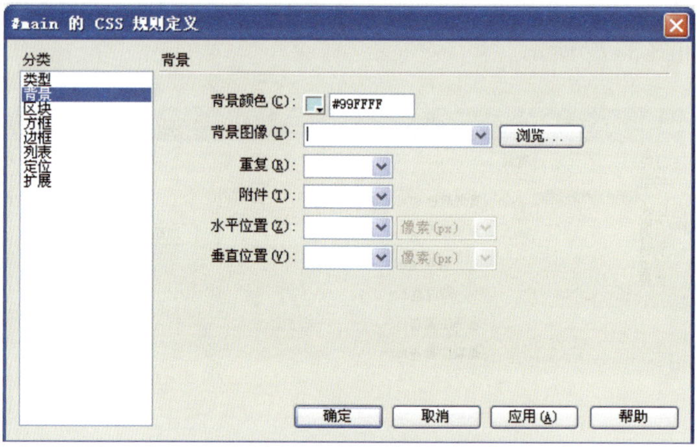


图 3-79　#main 背景设置

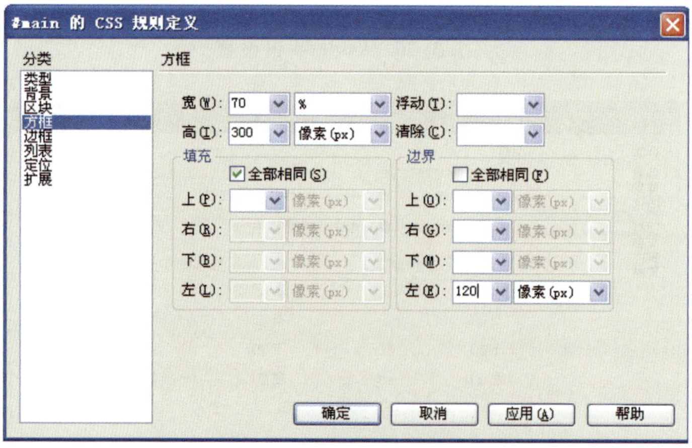


图 3-80　#main 方框设置

然后创建 #main 样式，注意这里设置 #main 的左边距为 120px。预览效果如图 3-81 所示。

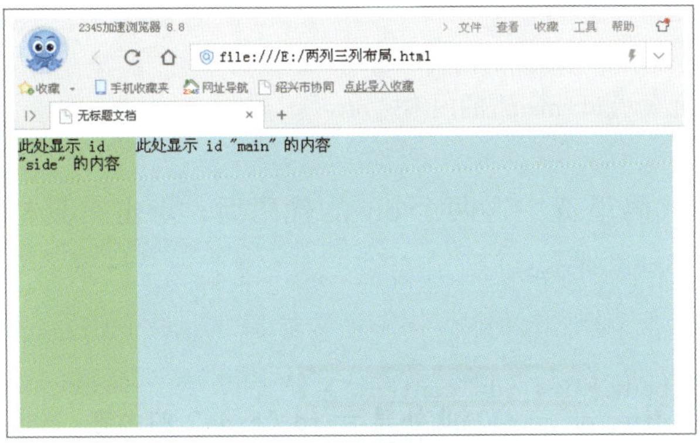


图 3-81　预览效果

## 二、两列固定宽度

有了前面的基础，两列固定宽度就容易多了，只需要把 #main 的宽度由百分比改为固定值，如图 3-82 所示。

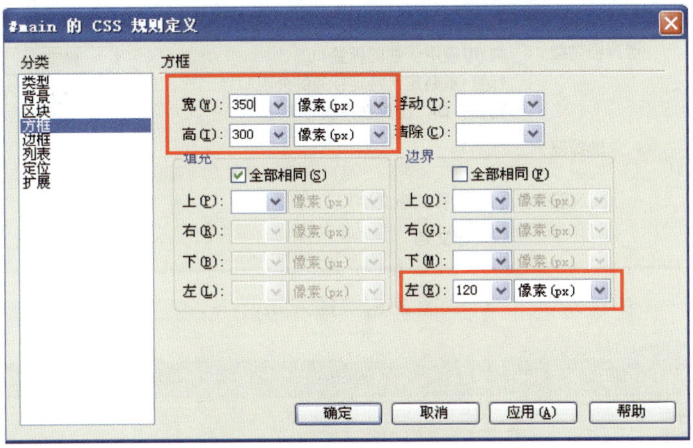


图 3-82　#main 方框设置

当我们拖动浏览器窗口变大变小时，#main 的宽度也会跟着改变。这里设置左边 距为 120px，正好让出 #side 占去的 120px 宽度，如果这里设置为 122px 的话，中间将出现 2px 的空隙，大家可以试一下。

## 三、两列固定宽度居中

两列固定宽度居中，需要在两列固定宽度的基础上改进。在学一列固定宽度居中时，我们知道了让它居中的方法，这里需要在这两个 div 之外再加一个父 div：

```
<div id="content">
<div id="side"> 此处显示 id "side" 的内容 </div>
<div id="main"> 此处显示 id "main" 的内容 </div>
</div>
```

操作方法：在源代码里选中这两个 div 的代码后，点击工具栏上“插入 div”按钮，填写 id 后确定，如图 3-83 所示：

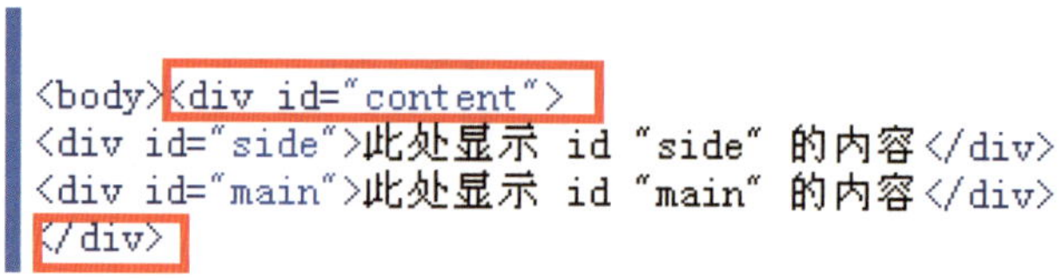


图 3-83　代码界面

下面就需要设置 #content 的样式了，根据之前所设 #side 的宽度为 120px，#main 的宽度为 350px，那么 #content 的宽度应该为这两者之和，然后设置 #content 居中，那么整体就居中了，具体步骤如图 3-84、图 3-85、图 3-86 所示。

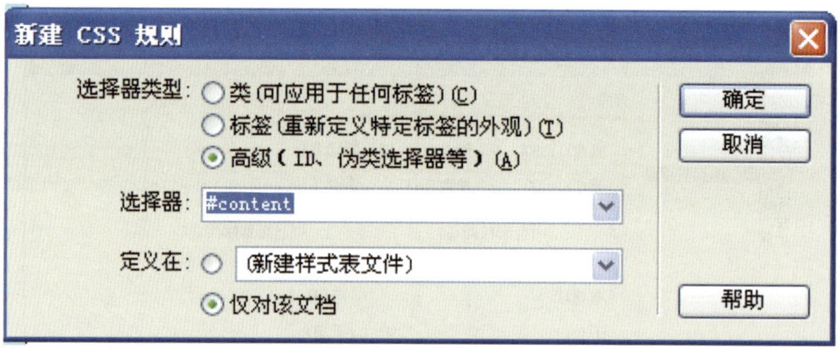


图 3-84　插入 div

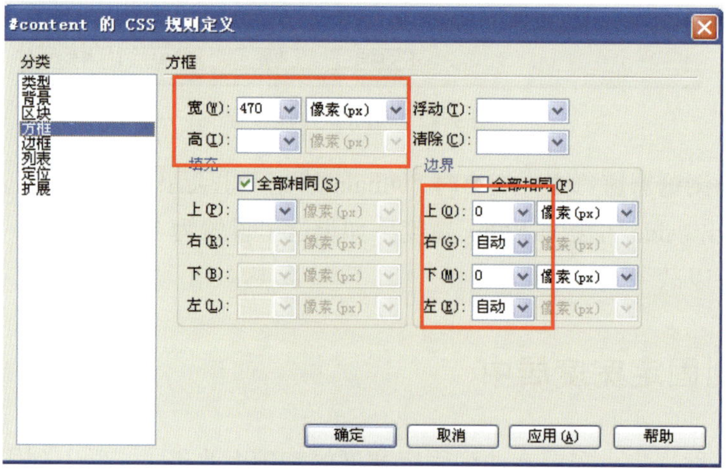


图 3-85　设置 CSS 样式

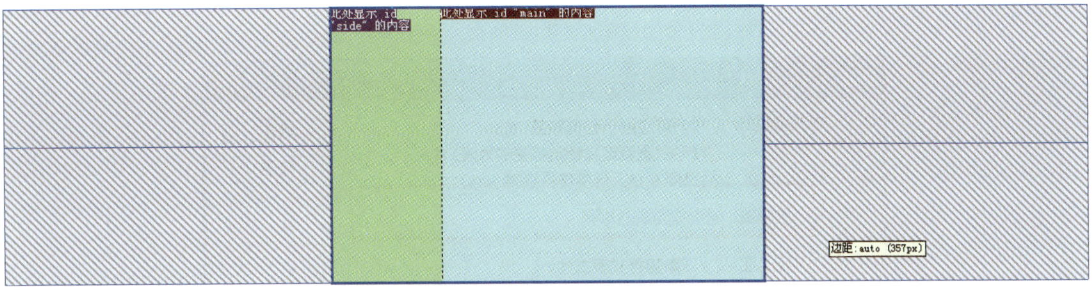


图 3-86　效果预览

预览后效果图如图 3-87 所示，网页居中显示。

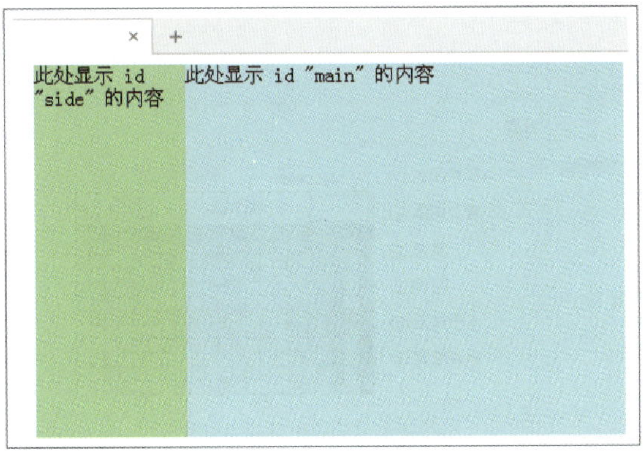


图 3-87　网页预览图

## 四、三列自适应宽度

三列自适应宽度，一般常用的结构是左列和右列固定，中间列根据浏览器宽度自适应。下面在二列自适应宽度基础上修改一下，修改后的代码视图如图 3-88 所示。

```
<div id="side"> 此处显示 id "side" 的内容 </div>
<div id="side1"> 此处显示 id "side1" 的内容 </div>
<div id="main"> 此处显示 id "main" 的内容 </div>
```

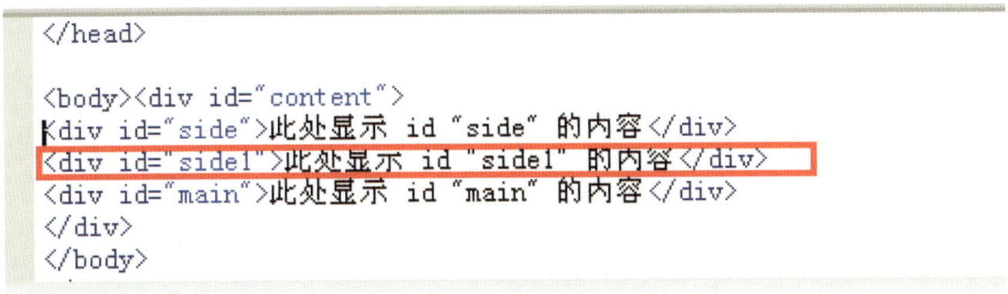


图 3-88　代码视图

增加 CSS 样式，如图 3-89 所示。

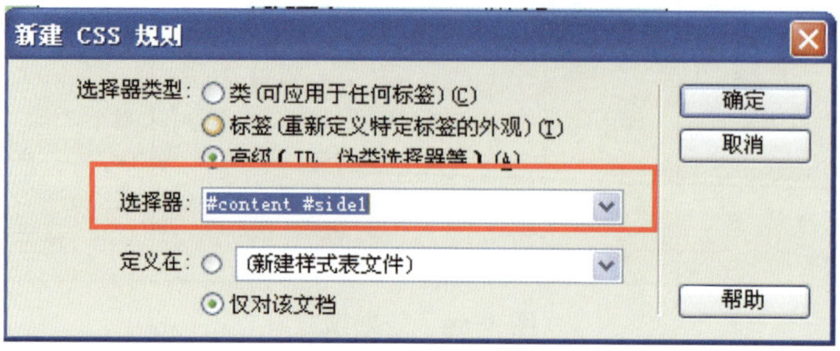


图 3-89　插入 div

设置一个背景色，便于查看区别，如图 3-90 所示。

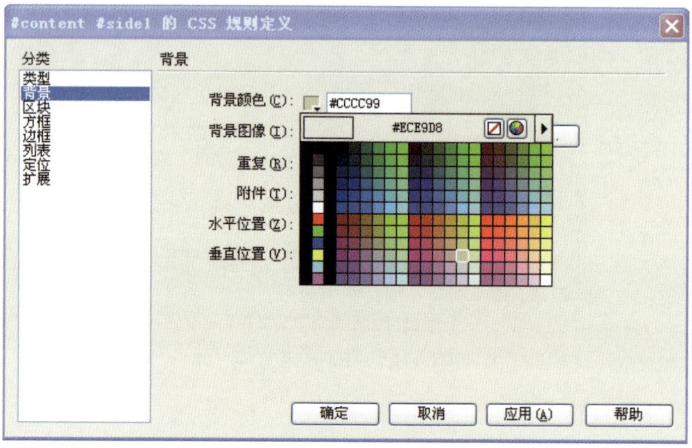


图 3-90　背景设置

同时设置 #content #side1 的方框 CSS 样式，如图 3-91 所示。

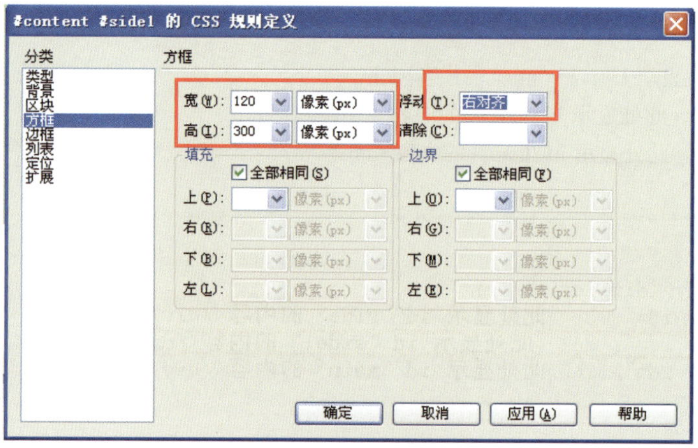


图 3-91　方框设置

把原来 #main 样式的宽度 70% 去掉，然后设置左右外边距各 120px，让出左右列的宽度，如图 3-92 所示。

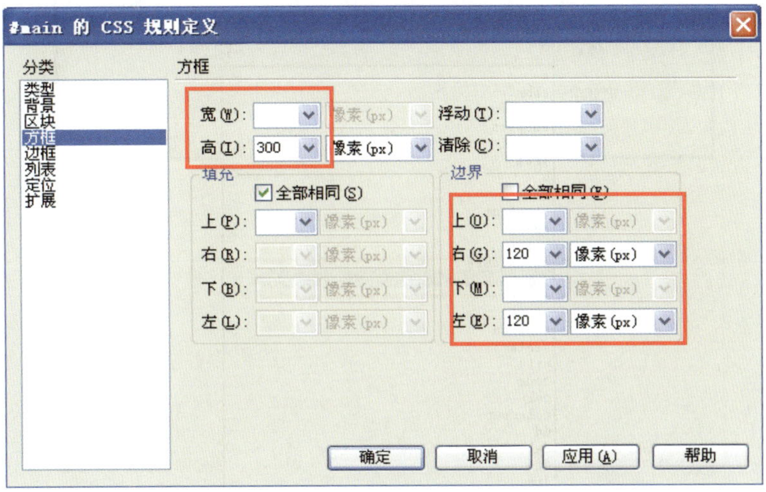


图 3-92　设置方框样式

样式设置完成后，按 F12 键预览效果。如图 3-93 所示。

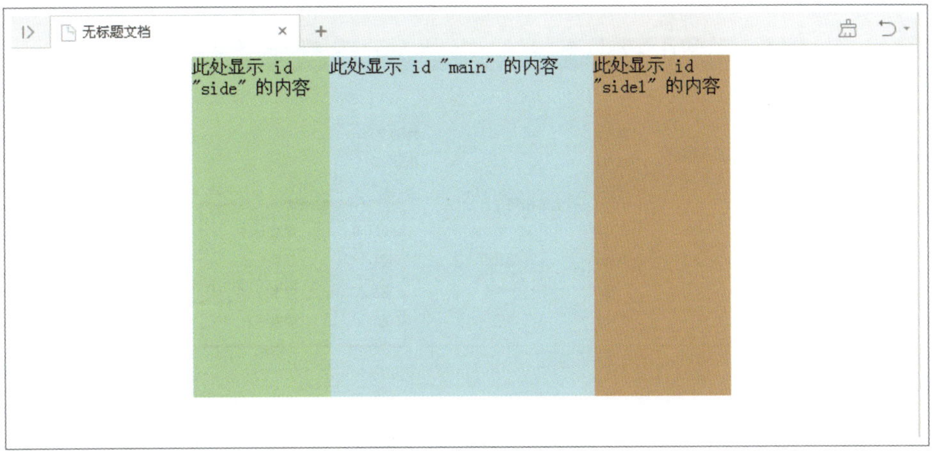


图 3-93　效果预览

也许预览出来的效果和上面的示例不一样，别急，还有一项设置，默认 body 是有外边距的，所以这里还得设置 body 的外边距为 0；点击 CSS 面板上的新建按钮，然后在新建面板中选择“标签”（重定义标签外观），然后选择“body”，设置 body 的边界为 0 即可。

设置标签“body”，具体设置如图 3-94 所示。

点击确定后，设置方框样式中的边界全部为“0”。如图 3-95 和图 3-96 所示。

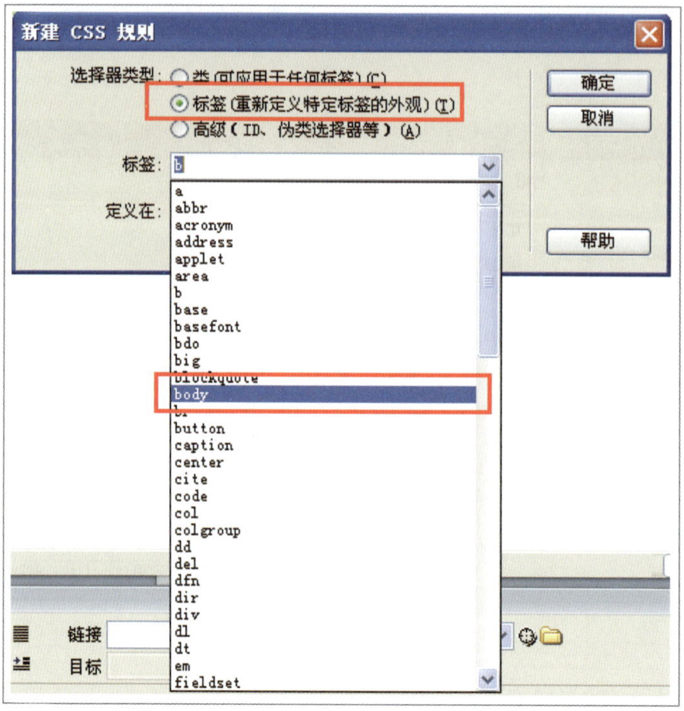

图 3-94　设置标签

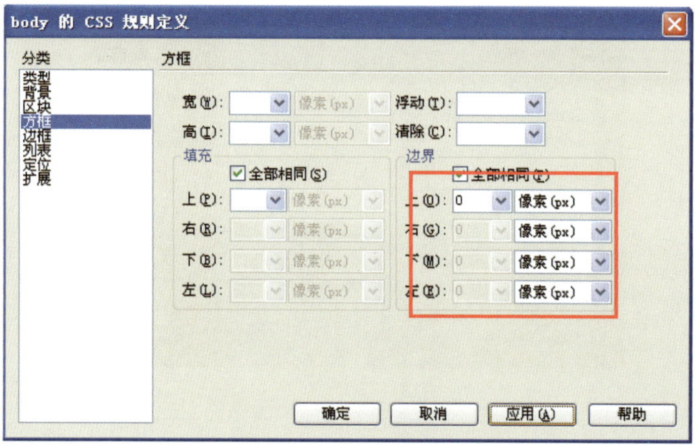

图 3-95　方框设置

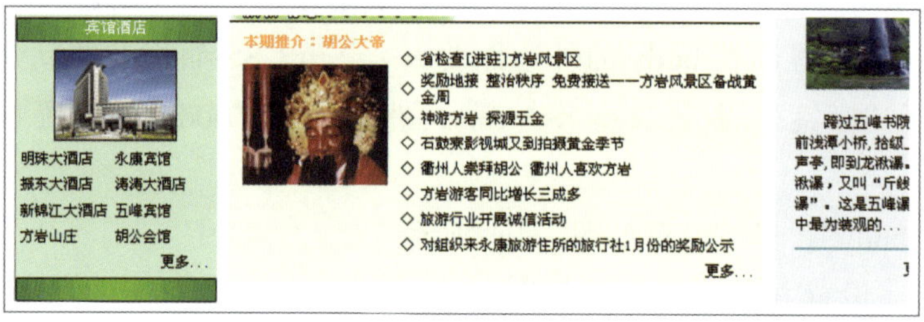

图 3-96　网页效果

## 任务分析

回到我们的例子当中，理解了块级元素和内联元素，对理解浮动就容易多了。float 是个重点，上例中用 float 让元素向左浮动。在 CSS 中，任何元素都可以浮动。浮动元素会生成一个块级框，而不论它本身是何种元素；且要指明一个宽度，否则它会尽可能地窄；另外当可供浮动的空间小于浮动元素时，它会跑到下一行，直到拥有足够放下它的空间。

扫一扫

视频：**div+CSS** 三列布局

## 任务拓展

块级元素就是一个方块，像段落一样，默认占据一行出现；内联元素又叫行内元素，只能放在行内，就像一个单词，不会造成前后换行，起辅助作用。

一般的块级元素诸如段落 <p>、标题 <h>、列表 <ul> <ol> <li> 、表格 <table>、表单 <form>、DIV<div> 和 BODY<body> 等元素。而内联元素则如表单元素 <input>、超级链接 <a>、图像 <img>、<span> ……块级元素的显著特点是：每个块级元素都是从一个新行开始显示的，而且其后的元素也需另起一行进行显示。

块级元素默认占据一行，相当于在它之前和之后各插入了一个换行；而内联元素 span 没对显示效果造成任何影响，事实也是如此；em 只是让字体变成了斜体，也没有单独占据一行。正因为有了这些元素，才使我们网页变得丰富多彩。

如果没有 CSS 的作用，块级元素会按顺序以每次另起一行的方式一直往下排。而有了 CSS 以后，我们可以改变这种 html 的默认布局模式，把块级元素摆放到想要的位置。也就是说，可以用 CSS 的 display:inline 将块级元素改变为内联元素，也可以用 display:block 将内联元素改变为块级元素。

扫一扫

视频：块元素、内联元素和 **float** 浮动属性

## 任务实训

利用 div+CSS 布局，设计下列网页效果图的行和列布局（见图 3-97）。

图 3-97　网页效果图

# 任务七　纵向导航及二级弹出菜单

## 任务引导

本任务目标是通过 div+CSS 编写设计完成网站首页纵向导航栏制作。效果图如图 3-98 所示。

图 3-98　效果图

# 任务实施

## 一、插入 div

先新建一个页面，保存网页为“纵向菜单导航.html”，然后插入一个 ID 为 menu 的 div；在设计视图中选中文字，点击工具栏的 ul 图标，即会自动插入 ul 和 li，然后修改文字内容为你需要的内容。如图 3-99 所示。

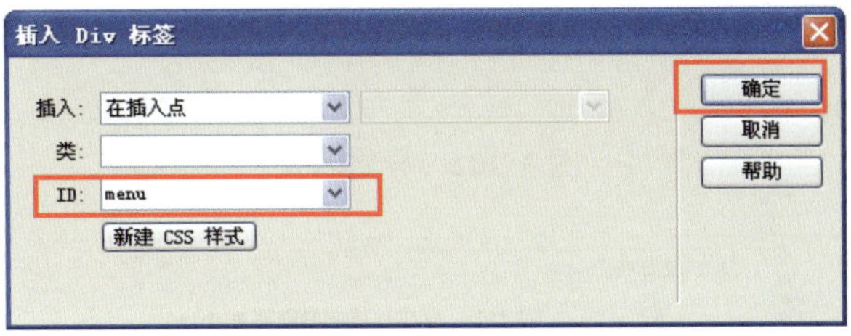


图 3-99　插入 div

在常用下拉菜单栏中选择“收藏夹”，鼠标右键单击“自定义收藏夹”，可以选择经常使用的标签按钮添加到工具栏。如图 3-100 和图 3-101 所示。

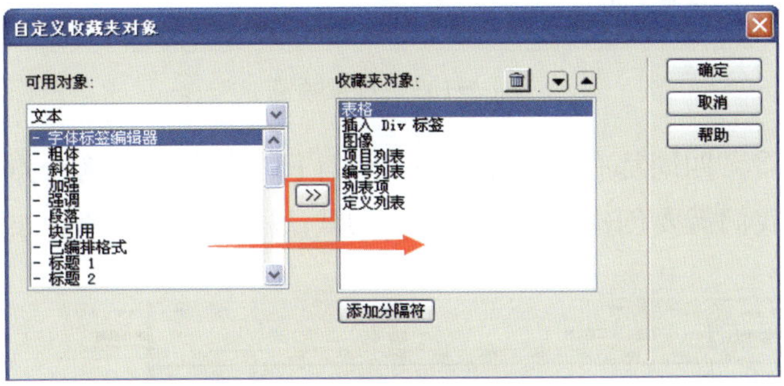


图 3-100　自定义收藏夹对象

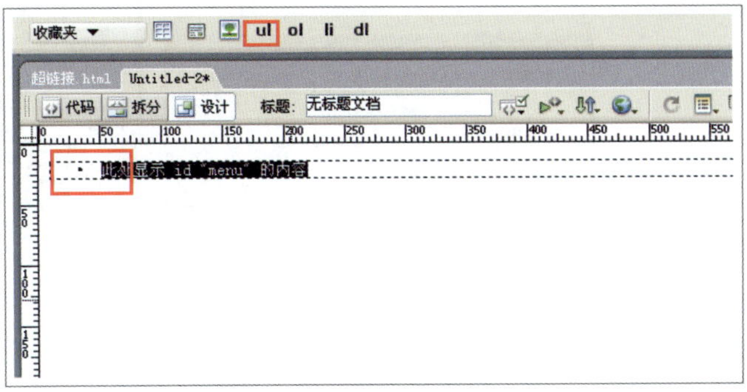


图 3-101　插入无序列表 ul

接着输入导航内容，每个导航之间用回车，如图 3-102 所示。

预览后效果图如图 3-103 所示。

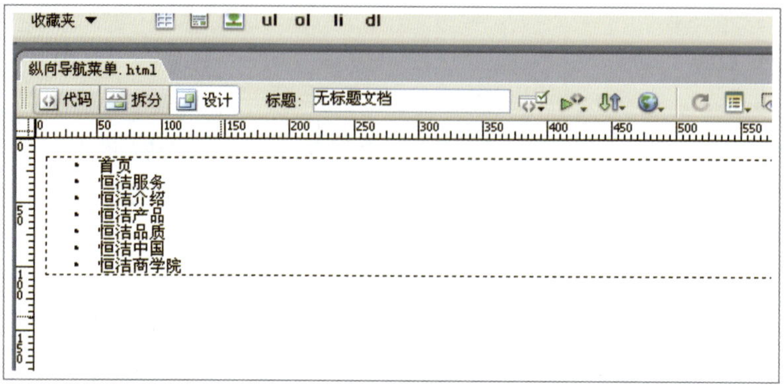


图 3-102　导航内容

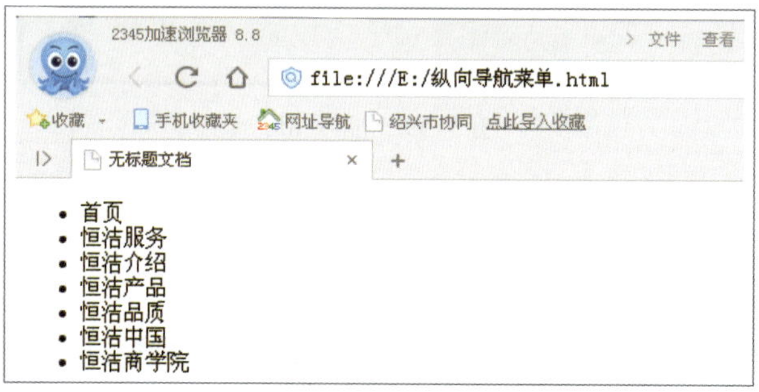


图 3-103　效果预览

从预览的效果看，四周都有很大的空隙，而且每一行前边还有个点，这是标签的默认样式造成的。下面我们需要创建样式表把标签的默认样式给清除掉。如图 3-104 所示。

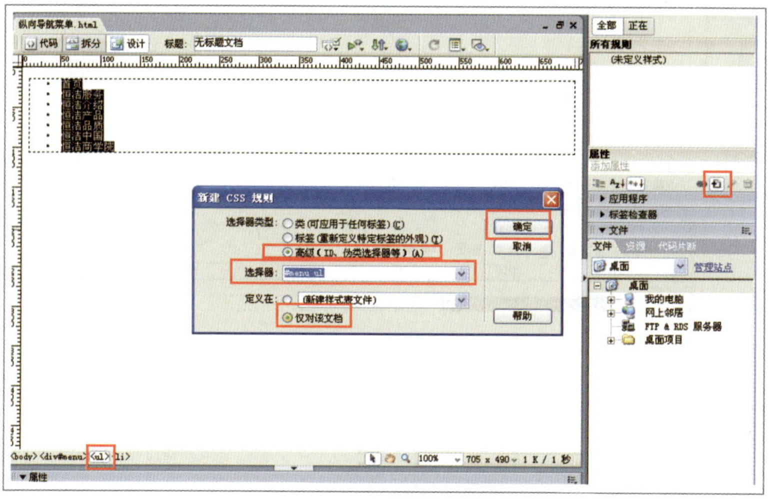


图 3-104　插入 div

接着进行 menu ul 样式的设置，具体设置步骤如图 3-105、图 3-106 和图 3-107 所示。

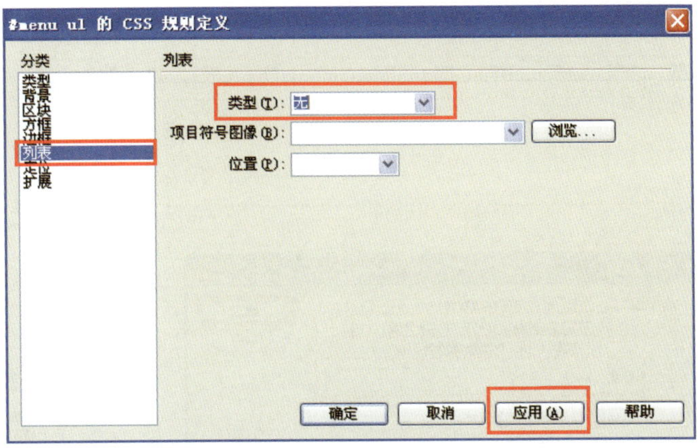


图 3-105　列表设置

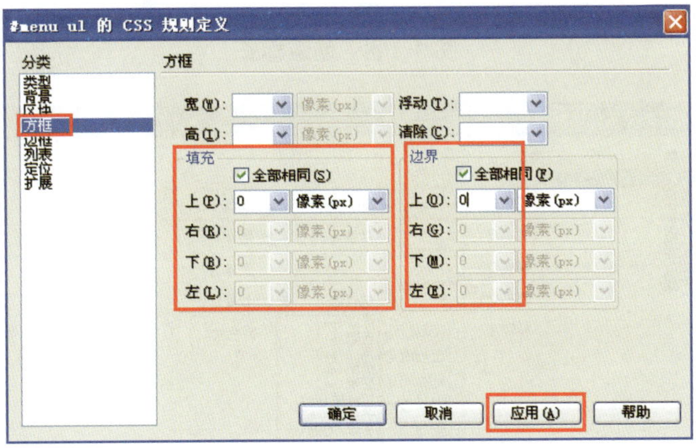


图 3-106　方框设置

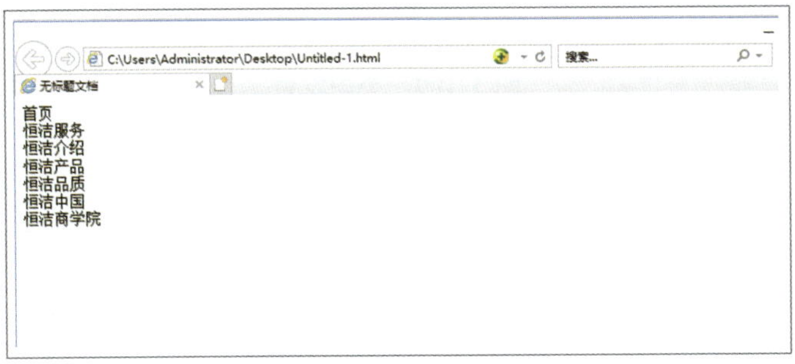


图 3-107　网页预览

## 二、定义字体

下面我们定义全局的字体、字号、行距等。点击 CSS 样式面板上的新建按钮，在弹出的窗口选择器类型中选择标签，名称选择 body，然后在 CSS 编辑器中设置属性，如图 3-108 和图 3-109 所示。

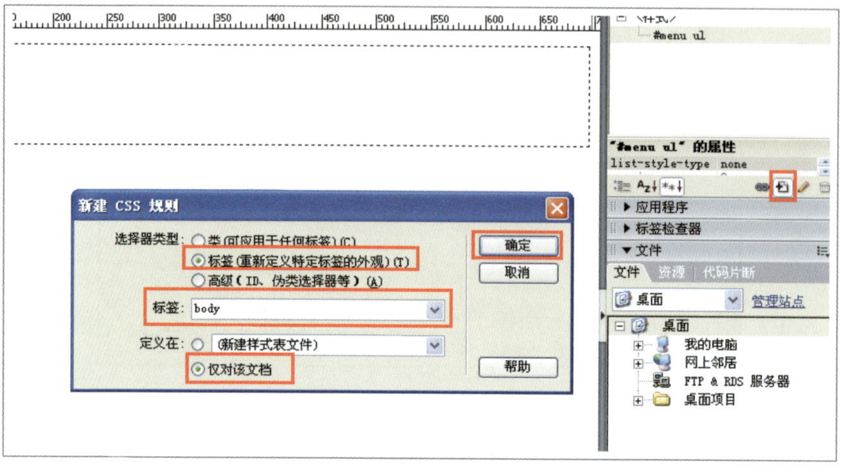

图 3-108　创建标签

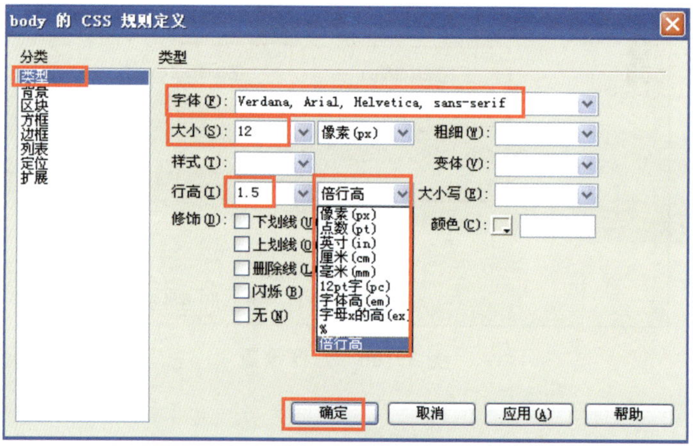

图 3-109　类型设置

设置完成后，确定后预览效果如图 3-110 所示。

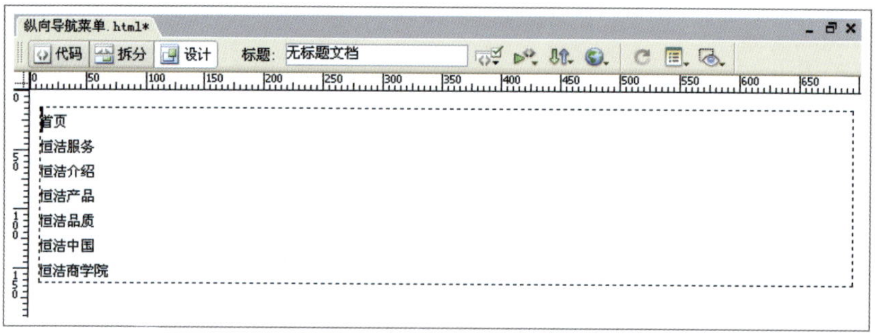

图 3-110　预览效果

## 三、属性设置

body 全局样式定义后，下面我们给 #menu 定义一个灰色的 1px 边框及宽度，然后为 li 定义下背景色、下边框及内边距等，具体属性设置如图 3-111、图 3-112 和图 3-113 所示。

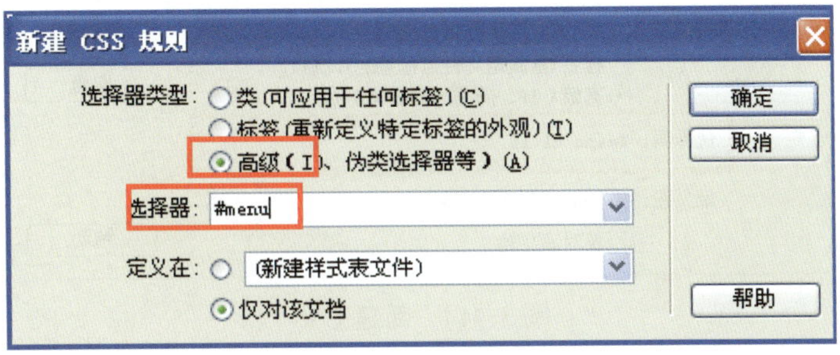


图 3-111　新建 CSS

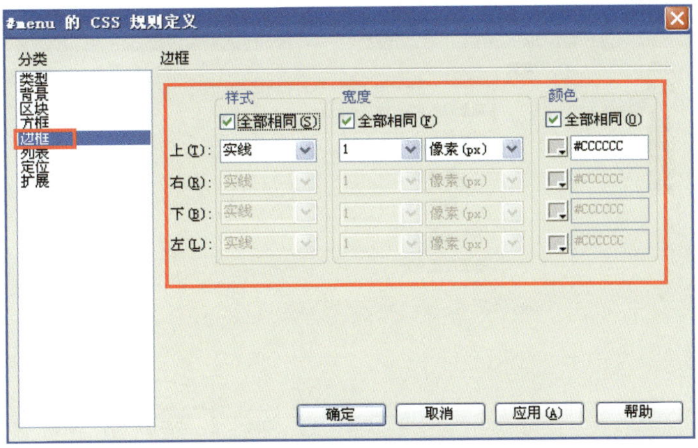


图 3-112　边框设置

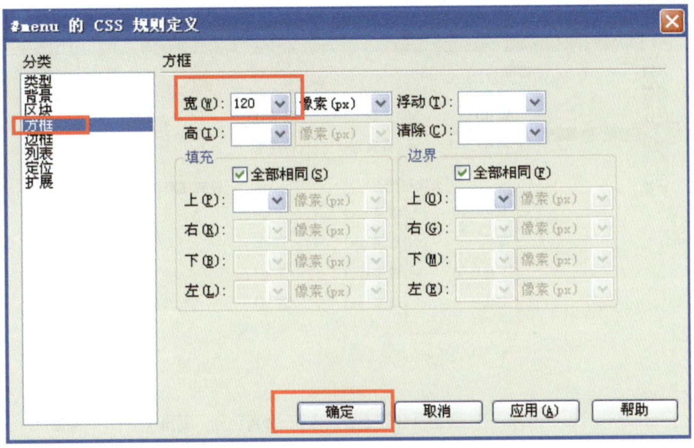


图 3-113　方框设置

## 四、设置 li

接下来定义 li 的背景色为浅灰色及下边框和内边距，具体设置如图 3-114 所示。

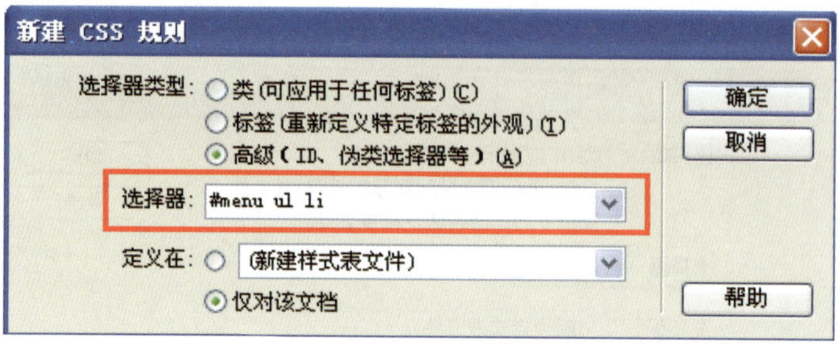


图 3-114　新建 CSS

新建完 CSS 后，设置 CSS 样式。如图 3-115 和图 3-116 所示。

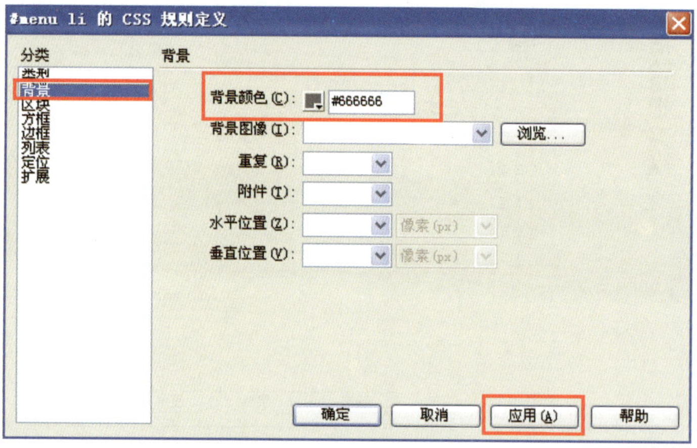


图 3-115　背景设置

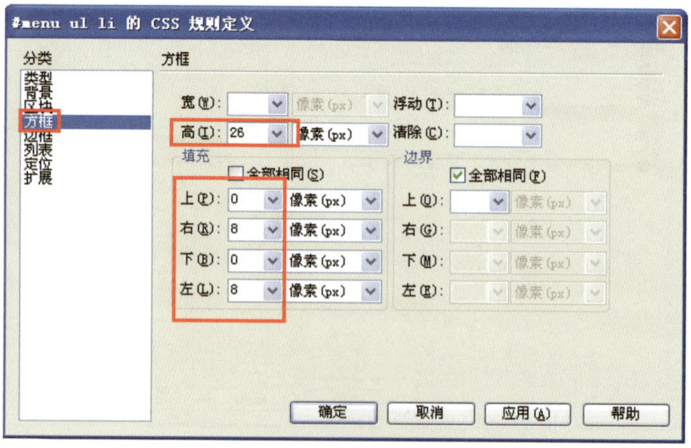


图 3-116　方框设置

方框设置完成后，设置行高为 26px。如图 3-117 和图 3-118 所示。

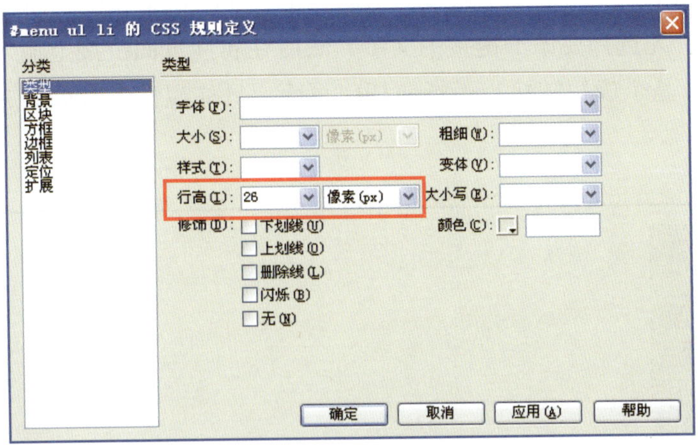


图 3-117　类型设置

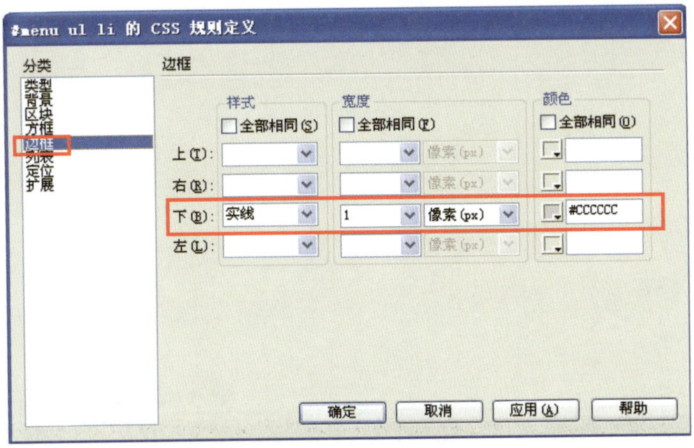


图 3-118　边框设置

按 F12 键预览后效果图如图 3-119 所示。

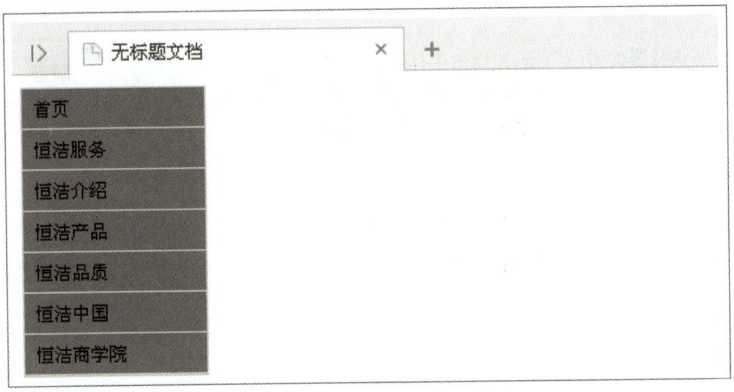


图 3-119　预览效果图

这些属性设置完后，一个简单的纵向列表菜单便初具模型了。因为导航菜单需要链接到其他页面，下面把这些导航加上链接，然后再定义 a 的状态和鼠标划过状态。

要添加链接，先选择要添加链接的文字，然后在属性页面链接上输入要链接的页面地址，这里输入 #，是个虚拟链接，不指向任何页面。具体属性设置如图 3-120、图 3-121、图 3-122 所示。

图 3-120　输入 # 空连接

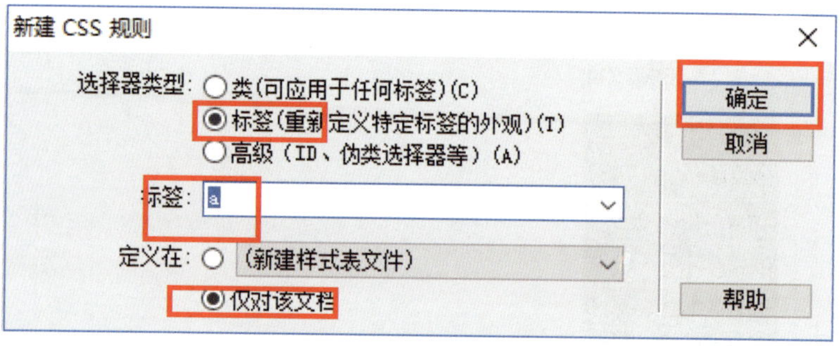


图 3-121　创建标签样式

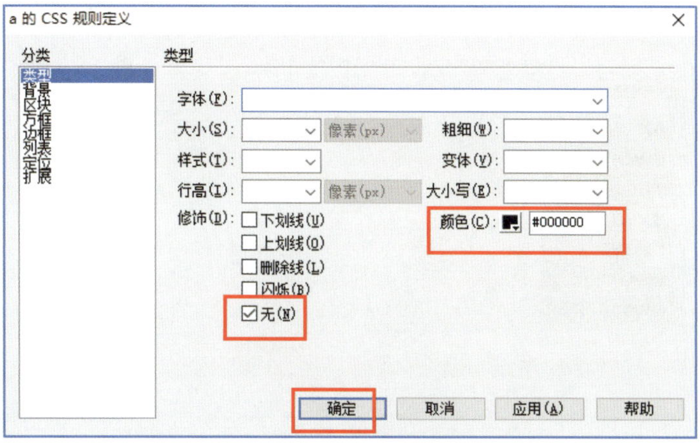

图 3-122　类型设置

创建 a 的样式后，下面我们增加一个交互效果：当鼠标划过链接文字时，让文字颜色变成红色，这时就需要用到 a:hover 这个伪类了。如图 3-123 和图 3-124 所示。

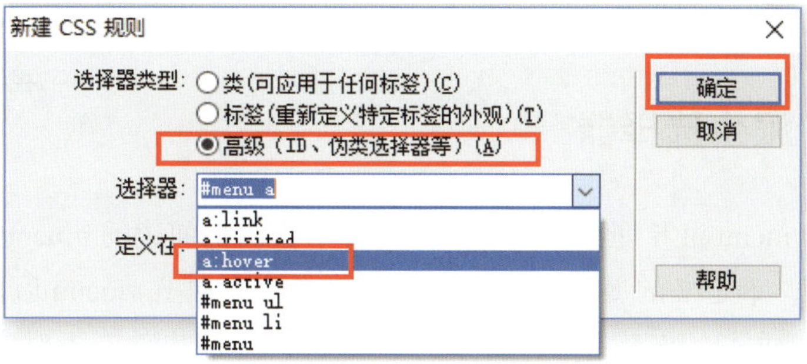

图 3-123　伪类创建

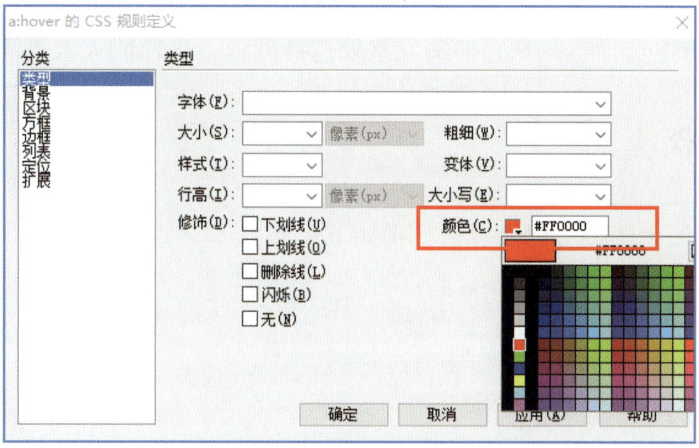

图 3-124　链接属性设置

设置完成后效果图如图 3-125 所示。

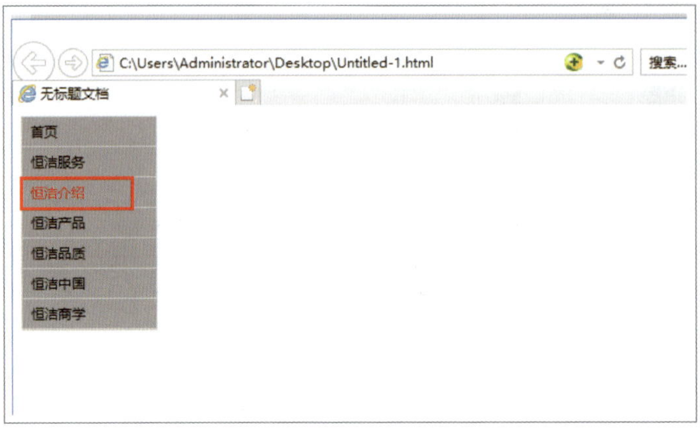


图 3-125　网页预览效果

扫一扫

视频：纵向导航栏制作

## 任务分析

### 一、CSS 派生选择器

#menu ul 和 #menu ul li 即为派生选择器，如果我们把前边的 #menu 去掉，那么将是对 ul 标签重定义，重定义的属性将应用到全局，而前边加上 #menu 后，将是定义 ID 为 menu 元素内 ul 的样式，设置它的样式只对 #menu 下的 ul 生效，不对它之后的 ul 生效，这个有点像编程中的局部变量，而直接定义 ul 则相当于全局变量。#menu ul li 是定义 ID 为 menu 元素内 ul 下的 li，派生选择器可以使我们不用再给每个 li 定义一个样式名来定义样式，只需使用派生选择器，从它的父元素处选择即可，这样能大大提高效率。

### 二、链接伪类

链接“a”有四个伪类可以设置，分别如下：

```
a:link {color: #FF0000} /* 未访问的链接 */
a:visited {color: #00FF00} /* 已访问的链接 */
a:hover {color: #FF00FF} /* 鼠标移动到链接上 */
a:active {color: #0000FF} /* 选定的链接 */
```

以上分别定义了超链接未访问时的链接样式、已访问的链接样式、鼠标移上时的链接样式和选定的链接样式。之所以称之为伪类，也就是说它不是一个真实的类，正常的类是以点开始，后边跟一个名称，而它是以 a 开始后边跟个冒号，再跟个状态限定字符。比如第三个 a:hover 的样式，只有当鼠标移动到该链接上时它才生效，而 a:visited 只对已访问过的链接生效。伪类使得用户体验大大提高，比如我们可以设置鼠标移上时改变颜色或下划线等属性来告知用户这个是可以点击的，设置已访问过的链接的颜色变灰暗或加删除线告知用户这个链接的内容已访问过了。

## 三、定位标签：position

包含属性：relative（相对），absolute（绝对）。

（1）position:relative。如果对一个元素进行相对定位，首先它将出现在它所在的位置上。然后通过设置垂直或水平位置，让这个元素“相对于”它的原始起点进行移动。（再一点，相对定位时，无论是否进行移动，元素仍然占据原来的空间。因此，移动元素会导致它覆盖其他框。）

（2）position:absolute。表示绝对定位，位置将依据浏览器左上角开始计算。绝对定位使元素脱离文档流，因此不占据空间。普通文档流中元素的布局就像绝对定位的元素不存在时一样。（因为绝对定位的框与文档流无关，所以它们可以覆盖页面上的其他元素并可以通过 z-index 来控制它的层级次序。z-index 的值越高，它显示的位置越在上层。）

（3）父容器使用相对定位，子元素使用绝对定位后，这样子元素的位置不再相对于浏览器左上角，而是相对于父窗口左上角。

（4）相对定位和绝对定位需要配合 top、right、bottom、left 使用来定位具体位置，这四个属性只有在该元素使用定位后才生效，其他情况下无效。另外，这四个属性同时只能使用相邻的两个，不能既使用上，又使用下，或既使用左，又使用右。

## 任务拓展

### 用 CSS 制作按钮

下面来做一个默认状态下是蓝色、鼠标放上是红色加下划线、选定（按下）时为紫色，已访问过为灰色加删除线的实例来讲解一下。首先插入两个带超链接的内容，如图 3-126 所示。

```
<p><a href="#"> 这里是链接 </a></p>
<p><a href="10.html"> 这里也是链接 </a></p>
```

一般而言，插入的超链接默认是蓝色加下划线的，这是标签的默认样式所致。接下来我们在 CSS 样式中定义，如图 3-127 和图 3-128 所示。

图 3-126　超链接效果图

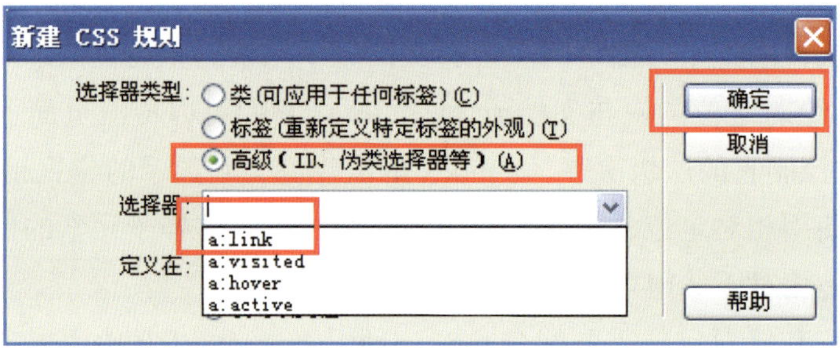


图 3-127　新建伪类

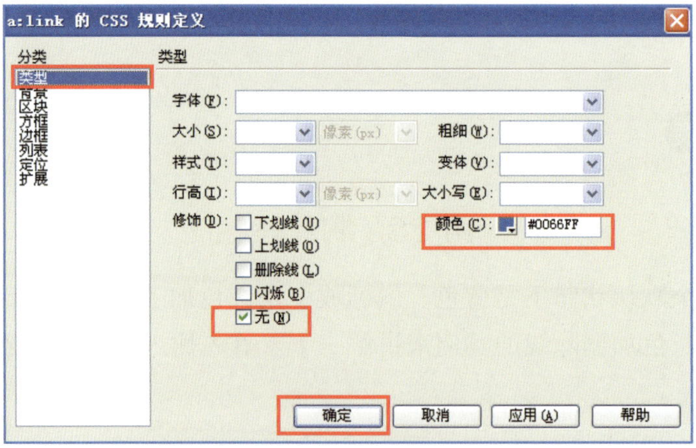


图 3-128　类型设置

设置完成后，可以看到链接显示的颜色。效果图如图 3-129 所示。

设置完 a:link 的样式后，下面分别设置 a:visited、a:hover 和 a:active 的样式。如图 3-130、图 3-131 和图 3-132 所示。

注意：四种状态的顺序一定不能颠倒，否则有些不生效。

预览并链接第一行文字后，鼠标放在第二行的效果图，如图 3-133 所示。

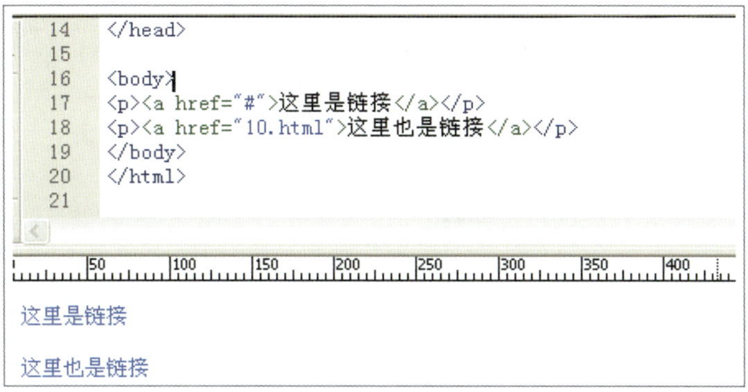


图 3-129　拆分视图下

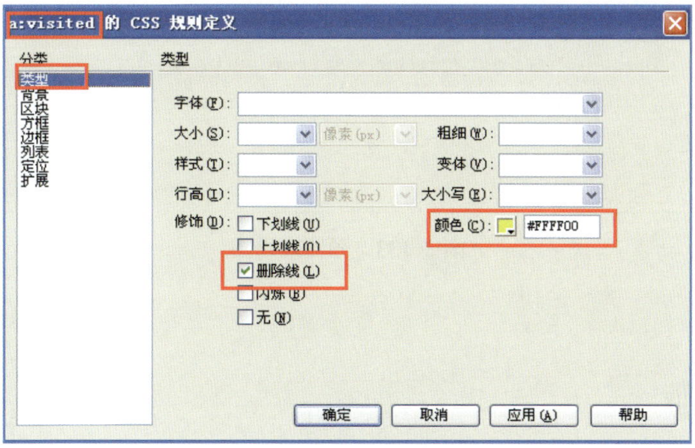


图 3-130　属性设置

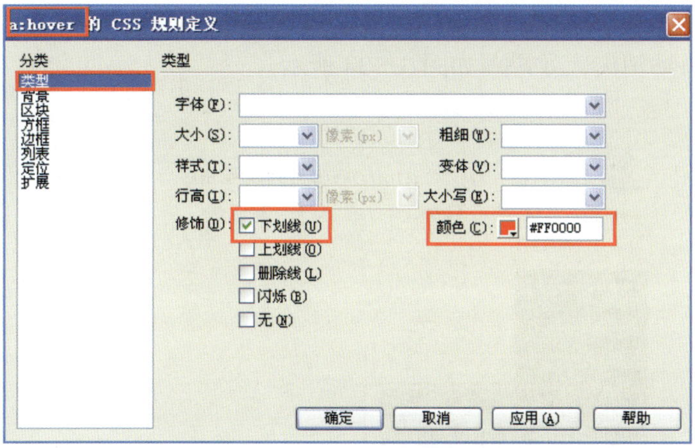


图 3-131　属性设置

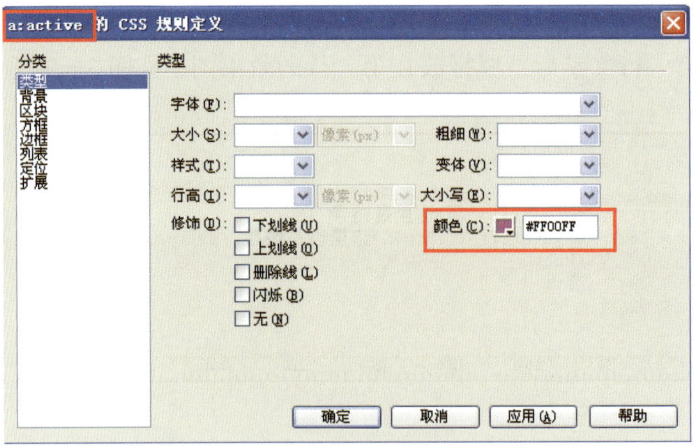


图 3-132　属性设置

图 3-133　预览效果图

扫一扫

视频：二级弹出式导航栏

## 任务实训

根据上述内容，完成“恒洁卫浴”纵向导航二级弹出菜单制作。二级菜单即指当鼠标放到一级菜单上后，会弹出相应的二级菜单，移去鼠标后自动消失，效果图如图 3-134 所示。

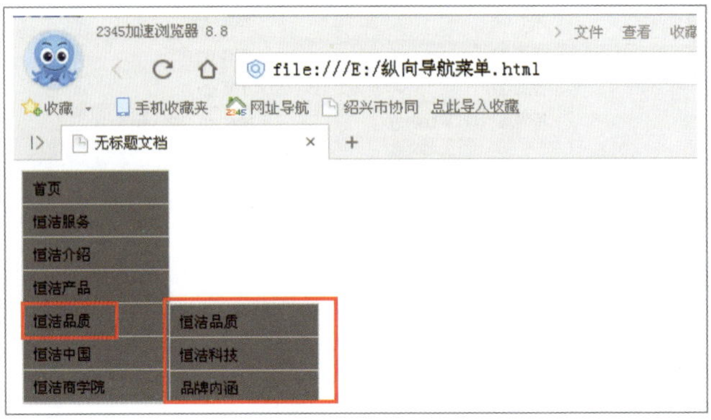


图 3-134　效果图

# 任务八　CSS制作按钮

## 任务引导

学会了超链接伪类属性设置后，接下来学习将链接转换为块级元素。链接在默认状态下是内联元素，转换为块级元素后可以获得更大的点击区域，可以设置宽度和高度，将链接转换为块状，只需增加一个 display:block 的 CSS 属性即可。在上一任务的基础上，我们要制作 CSS 按钮。具体效果图如图 3-135 所示。

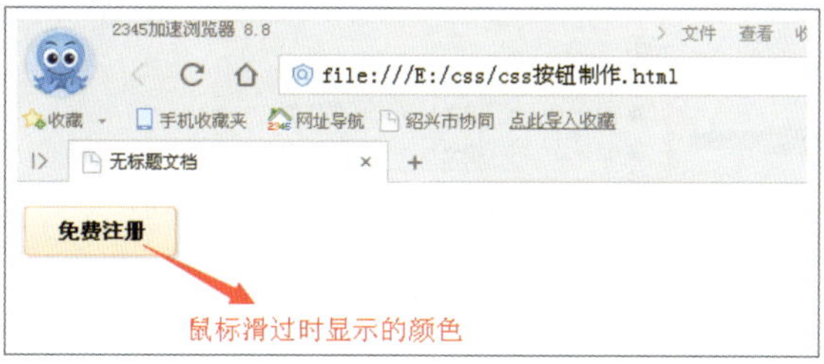


图 3-135　效果图

## 任务实施

### 一、将链接转换为块级元素

新建 CSS，选择标签“a”，如图 3-136 所示。

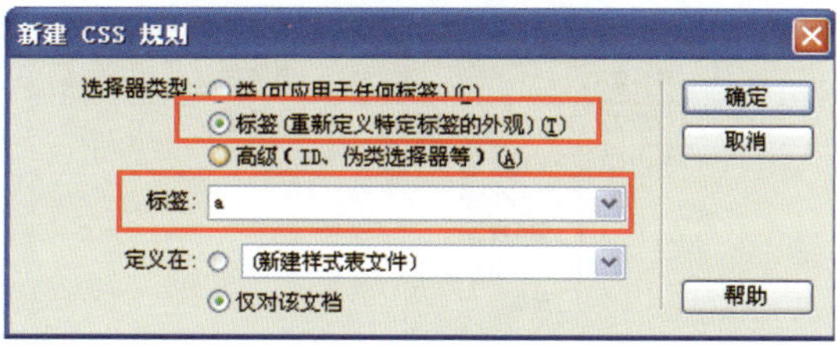


图 3-136　新建 CSS

新建标签“a” CSS 样式后，对其进行属性设置，首先选择区块，设置文本对齐方式为“居中”，显示为“块”。设置如图 3-137 所示。

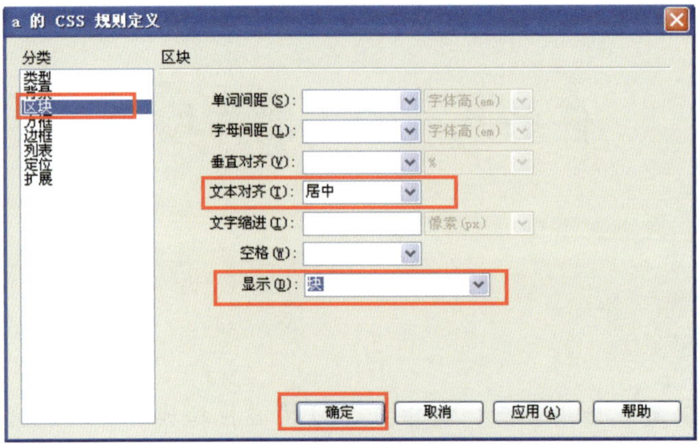


图 3-137　区块设置

接着对方框进行设置，宽为 100px，高为 30px，其余默认。如图 3-138 所示。

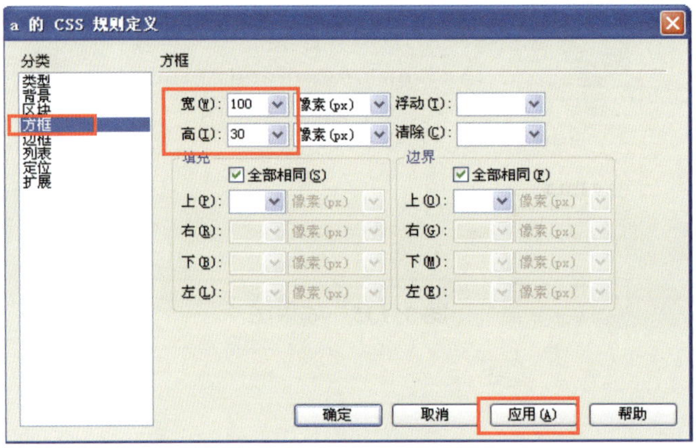


图 3-138　方框设置

设置完方框后，进行类型设置，设行高为 30px。如图 3-139 所示。

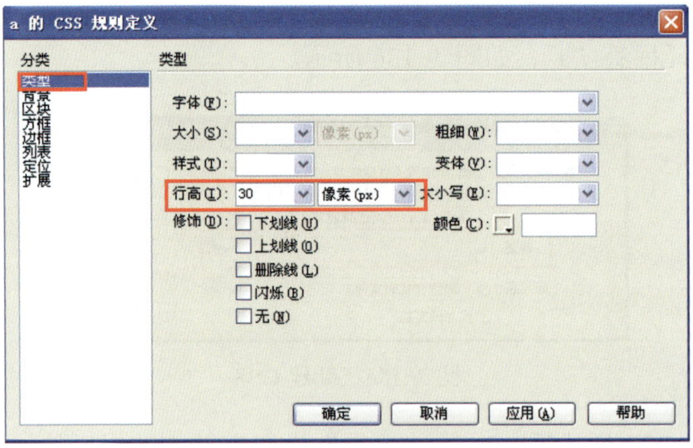


图 3-139　类型设置

同时，为了突出效果，我们将背景设置为灰色。如图 3-140 所示。

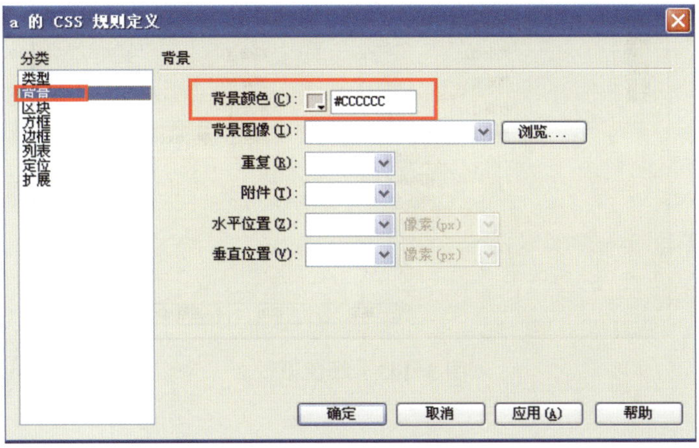


图 3-140　背景设置

这样设置的结果是全局 a 都执行这个样式显示。下面设置鼠标划过时的状态，其他几种状态设置方法相同。如图 3-141、图 3-142、图 3-143 所示。

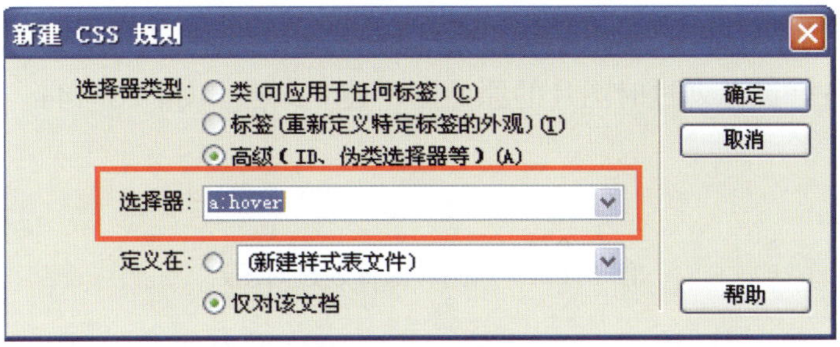


图 3-141　新建伪类

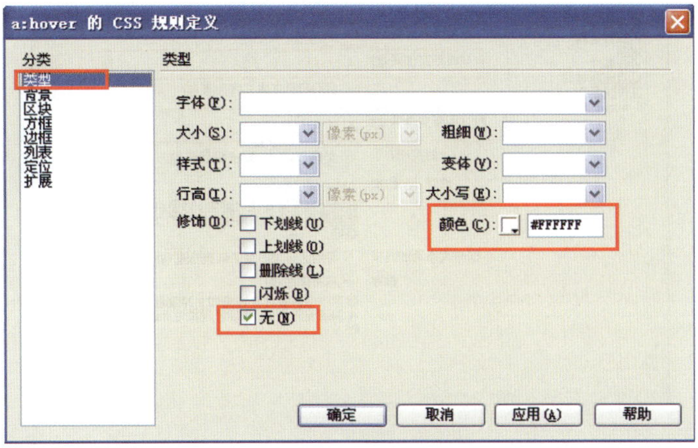


图 3-142　颜色设置 1

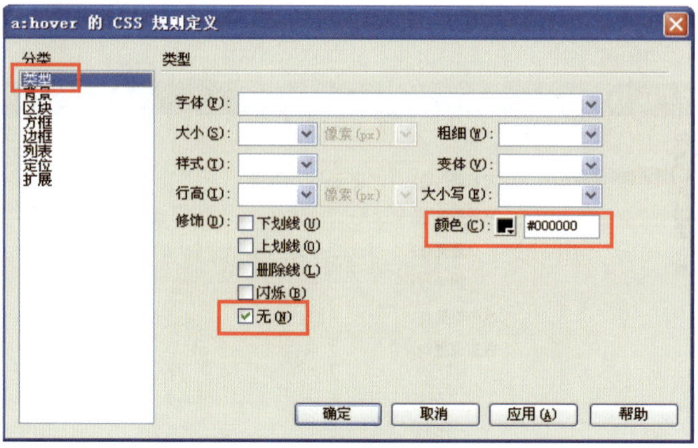


图 3-143　颜色设置 2

## 二、用 CSS 制作按钮

学会了把超链接转换为块级元素后，想制作个 CSS 按钮简直太简单了，只需在上一步的基础上增加一个按钮的背景图片即可实现。下面以制作淘宝网首页的免费注册按钮来讲解，设置最常用的默认样式和鼠标移上时的样式。

（1）首先准备好鼠标划过时图片的原始图，建立站点。如图 3-144、图 3-145 所示。

图 3-144　原图和鼠标划过时图片

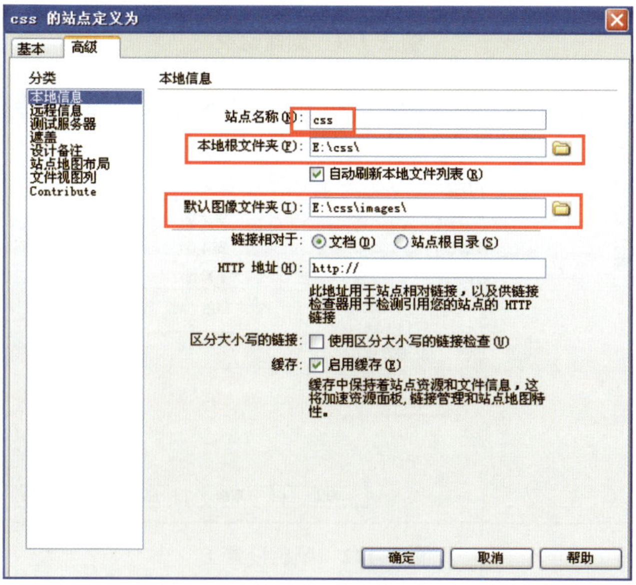


图 3-145　建立站点

（2）修改之前的 html，然后重新定义 CSS 样式。具体步骤如图 3-146、图 3-147、图 3-148 所示。

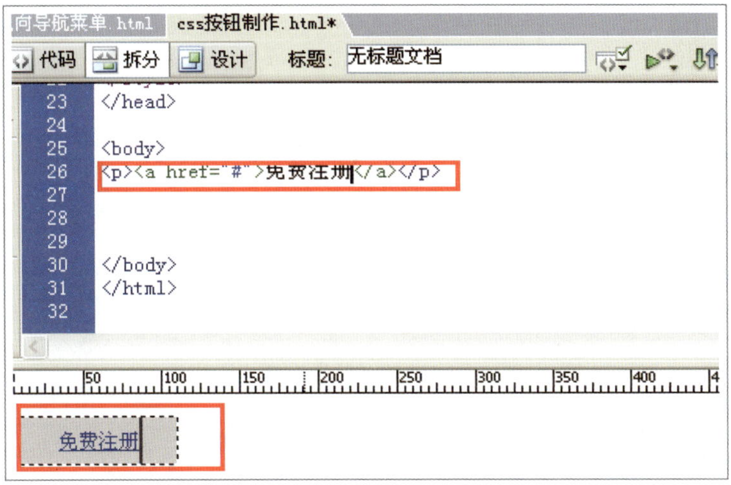

图 3-146　添加空链接

新建标签 a，设置属性。将类型设置为：大小“14px”，粗体，行高“30px”，颜色红色。

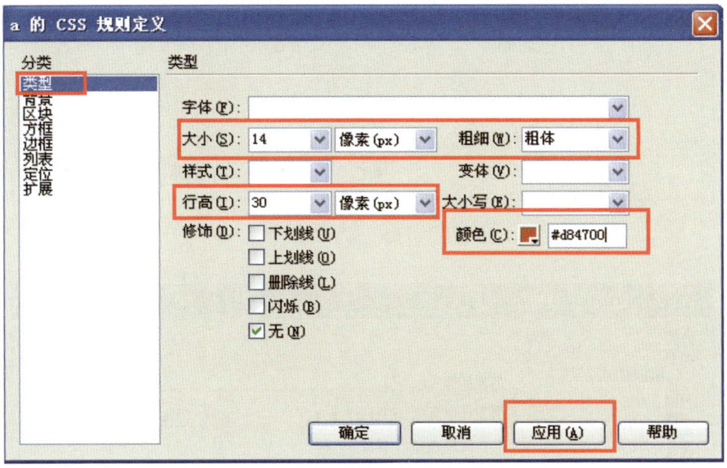

图 3-147　设置标签 a 类型

设置方框为宽“111px”，高“42px”，填充“上：3px”。如图 3-149 所示。

修改 a:hover 属性。

接下去对鼠标划过时的背景图片和尺寸进行设置，具体设置如图 3-150 所示。

点击确定后，拆分视图可以看到效果如图 3-151 所示。

以上设置完成后，网页预览效果如图 3-152 所示。

在制作 CSS 按钮时，采用这种方式可以制作批量导航按钮，美观统一，简洁方便。

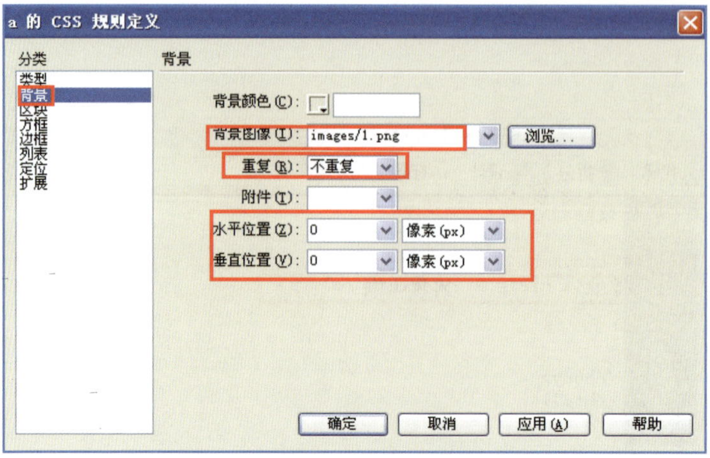


图 3-148　背景设置

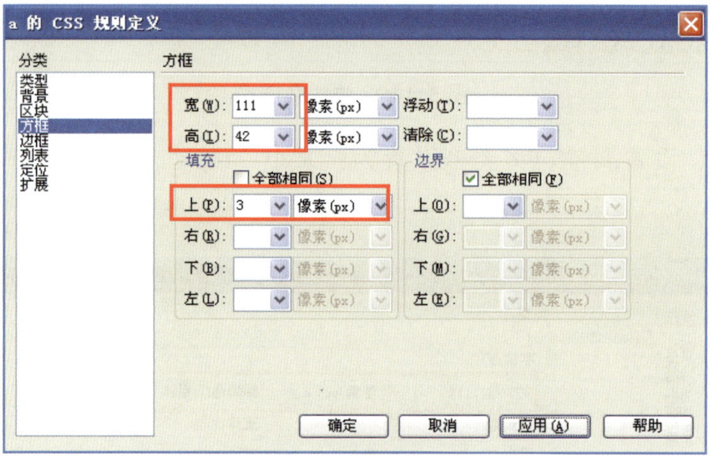


图 3-149　方框设置

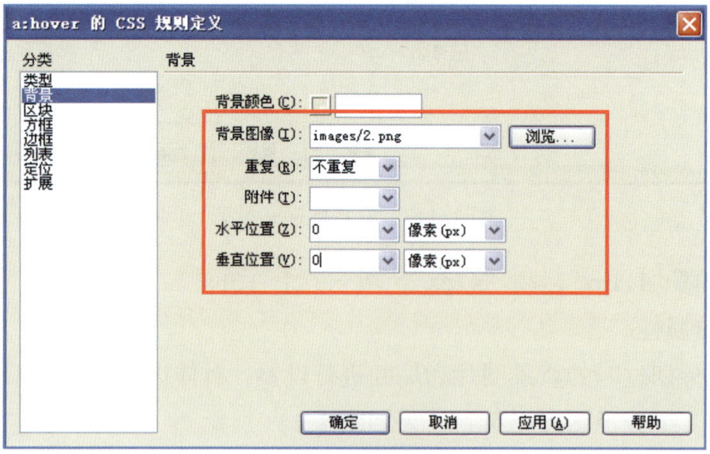


图 3-150　背景设置

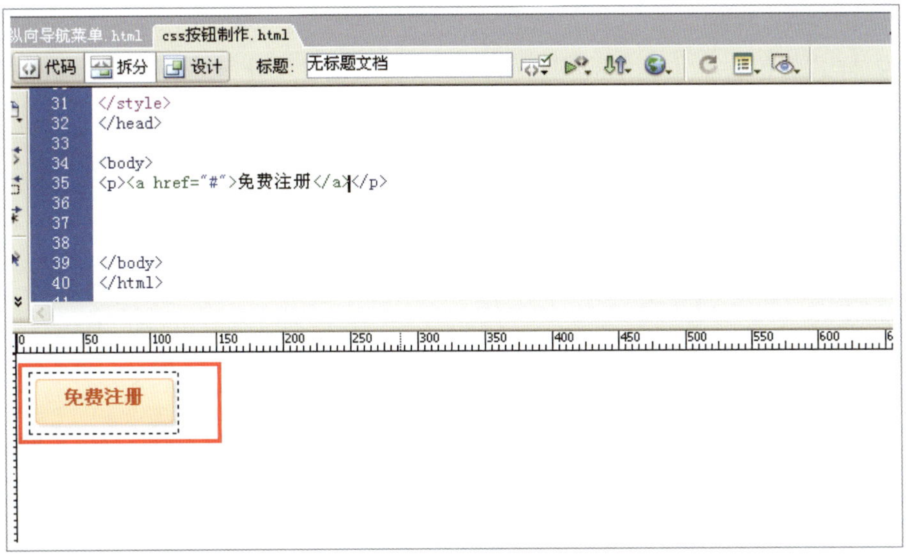


图 3-151　拆分视图

图 3-152　网页效果

## 任务分析

### 一、CSS 语法

CSS 规则由两个主要的部分构成：选择器以及一条或多条声明。

```
selector {declaration1; declaration2; ... declarationN }
```

选择器通常是你需要改变样式的 HTML 元素。

每条声明由一个属性和一个值组成。

属性（property）是你希望设置的样式属性（style attribute）。每个属性都有一个值。属性和值被冒号分开。

```
selector {property: value}
```

大多数样式表包含不止一条规则，而大多数规则包含不止一个声明。多重声明和空格的使用使得样式表更容易被编辑：

```
body {
  color: #000;
  background: #fff;
  margin: 0;
  padding: 0;
  font-family: Georgia, Palatino, serif;
  }
```

是否包含空格不会影响 CSS 在浏览器的工作效果，同样，与 XHTML 不同，CSS 对大小写不敏感。不过存在一个例外：如果涉及与 HTML 文档一起工作的话，class 和 id 名称对大小写是敏感的。

## 二、CSS 颜色

CSS 颜色使用组合了红绿蓝颜色值（RGB）的十六进制（hex）表示法进行定义。对光源进行设置的最低值可以是 0（十六进制 00），最高值是 255（十六进制 FF）。

十六进制值使用三个双位数来编写，并以 # 符号开头。

## 任务拓展

浏览器是怎样解析 CSS 选择器的？

样式系统从关键选择器开始匹配，然后左移查找规则选择器的祖先元素。

只要选择器的子树一直在工作，样式系统就会持续左移，直到和规则匹配，或者是因为不匹配而放弃该规则。

## 任务实训

用该方法制作“恒洁卫浴”导航栏目，背景图片和鼠标滑过图片颜色可以自定义。要求上交原始素材和操作步骤截图。

# 任务九　横向导航菜单制作

## 任务引导

前边学习过纵向导航菜单，又学习了 float 属性，此时要实现横向导航菜单就很简单了，只需要把 li 横向排列就可以实现了。如图 3-153 所示。

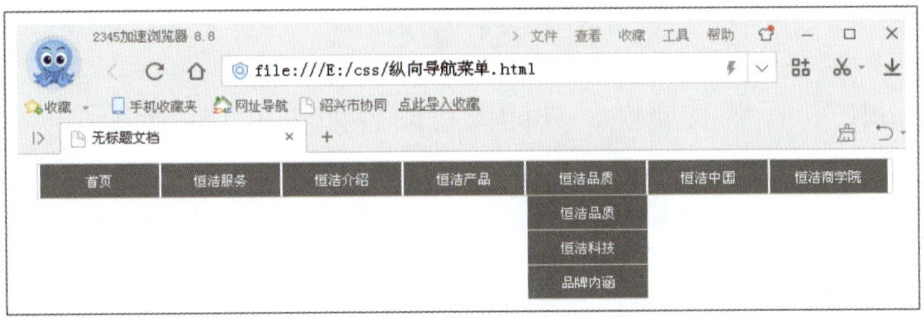


图 3-153　效果图

## 任务实施

### 一、横向导航

在原先纵向导航的基础上，进行横向导航的设置，只需要修改其 CSS 属性，具体设置如图 3-154 所示。

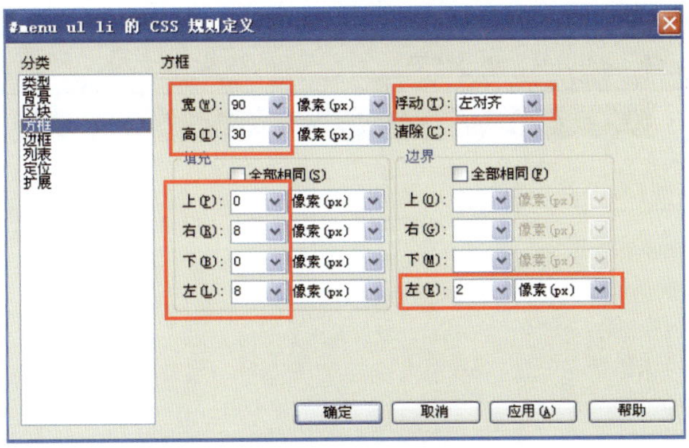


图 3-154　CSS 属性设置

接着设置方框、宽和高以及边界属性，具体设置如图 3-155 所示。

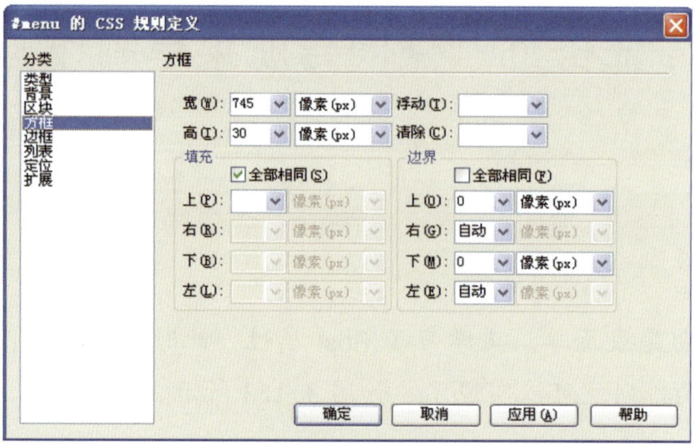


图 3-155　方框设置

新建标签“body”，设置其属性，具体设置内容如图 3-156 所示。

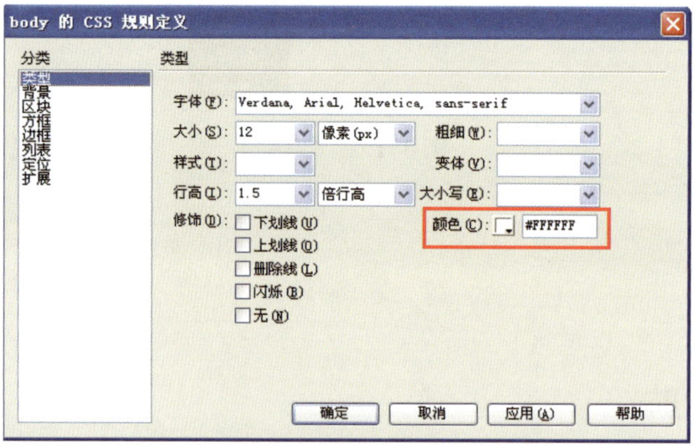


图 3-156　类型设置

设置后设计界面效果如图 3-157 所示。

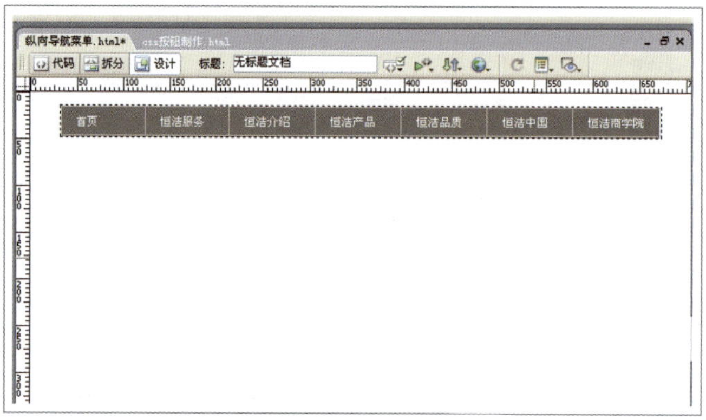


图 3-157　设计界面效果

调整二级菜单弹出的位置与数值，具体设置如图 3-158 所示。

```
<div id="menu">
  <ul>
    <li>首页</li>
    <li>恒洁服务</li>
    <li>恒洁介绍</li>
    <li>恒洁产品</li>
    <li>恒洁品质
    <ul>
    <li><a href="#">恒洁品质</a></li>
    <li><a href="#">恒洁科技</a></li>
    <li><a href="#">品牌内涵</a></li>
    </ul>
    </li>
    <li>恒洁中国</li>
    <li>恒洁商学院</li>
  </ul>
</div>
</body>
```

图 3-158　修改二级菜单内容

接下去修改二级菜单的相关列表属性，具体设置如图 3-159、图 3-160、图 3-161 所示。

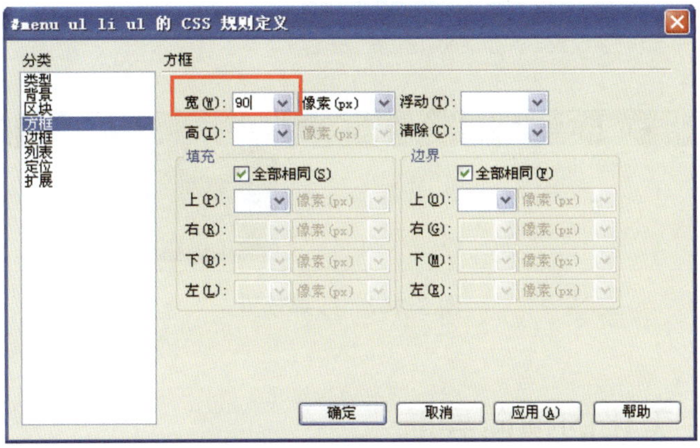


图 3-159　修改方框宽属性

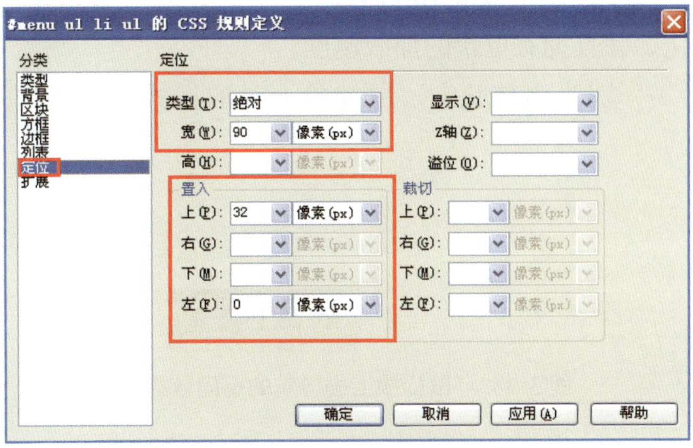


图 3-160　定位设置

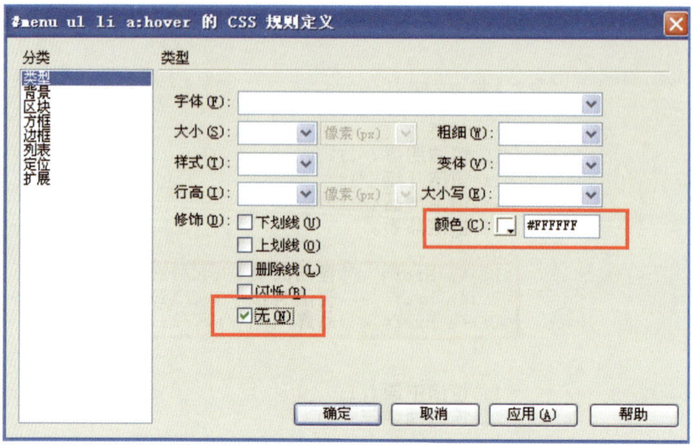


图 3-161　类型设置

设置完成后的效果预览如图 3-162 所示。

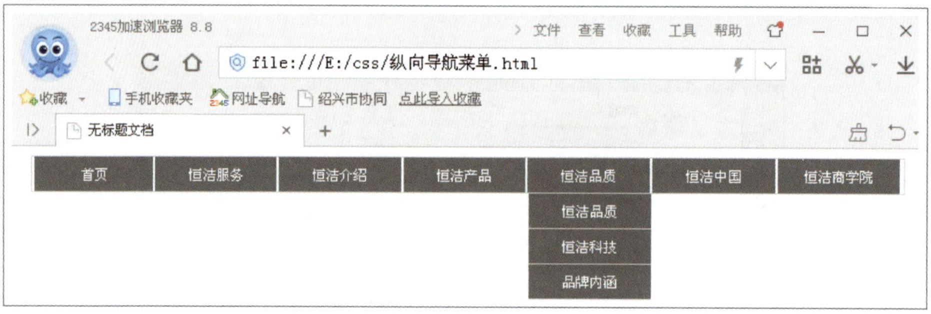


图 3-162　效果预览

## 二、用图片美化的横向导航

背景图片也是网页制作当中最常用的样式之一，运用好背景图片，可以使你的页面更加出色、更加人性化，并且拥有更快的加载速度。

用到三张图片，分别为当前状态、鼠标放上时的样式和默认样式用的图片，如图 3-163 所示：

图 3-163　鼠标放上去导航的不同效果图

为了把 a 元素设置成块级元素，需要修改相关属性，具体设置如图 3-164、图 3-165

所示。

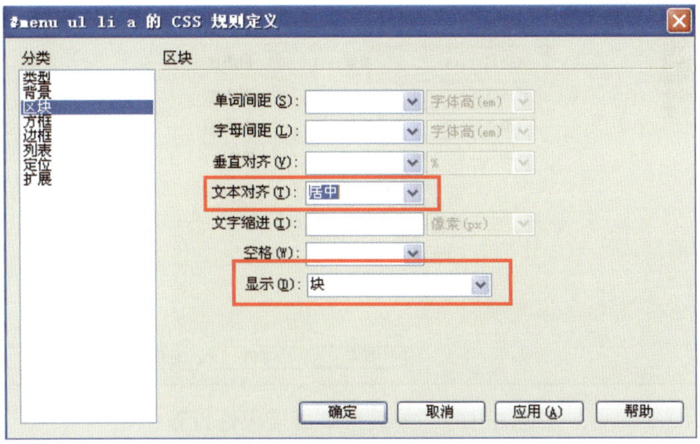


图 3-164　设置 a 的区块属性

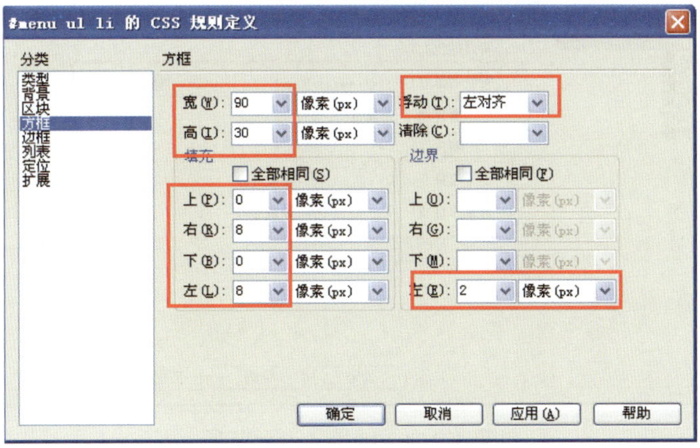


图 3-165　一级菜单 li 设置方框

下面修改 CSS 样式，只截图了一张，设置方法相同，如图 3-166、图 3-167、图 3-168 所示。

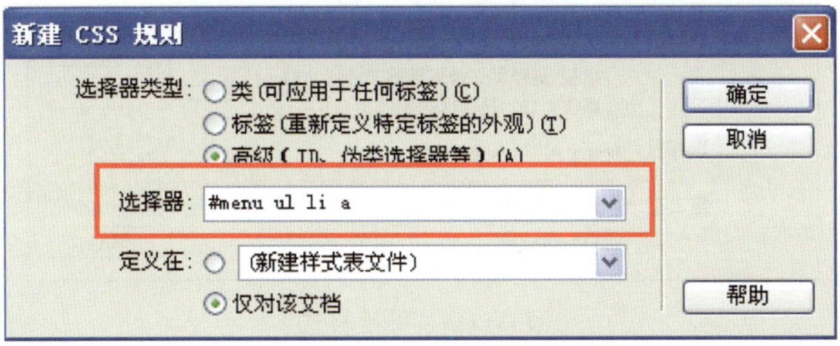


图 3-166　新建一级菜单 li 的链接 a

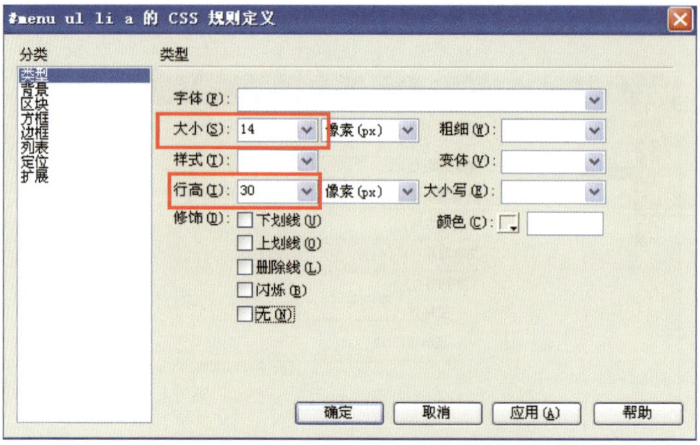


图 3-167　一级菜单链接属性设置

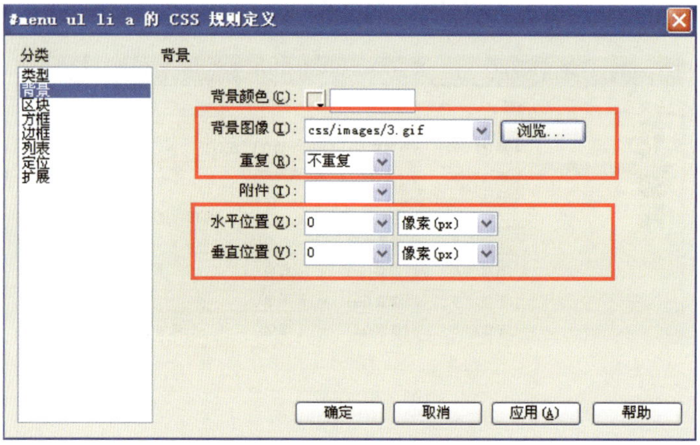


图 3-168　链接 a 设置背景

接下去为了设置鼠标划过的效果和属性，需要新建 CSS 样式“高级”→“#menu ul li a:hover”。具体如图 3-169 所示。

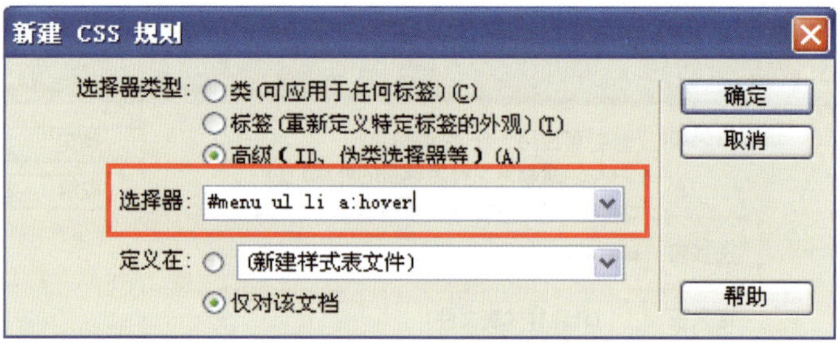


图 3-169　新建样式

新建样式后，需要对其进行 CSS 样式设置，首先设置背景，具体数值设置如图 3-170 所示。

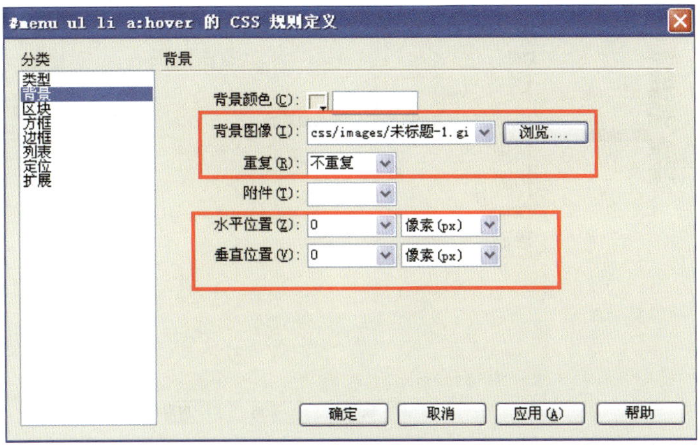


图 3-170　背景设置

这样设置后进行预览，如图 3-171 所示。

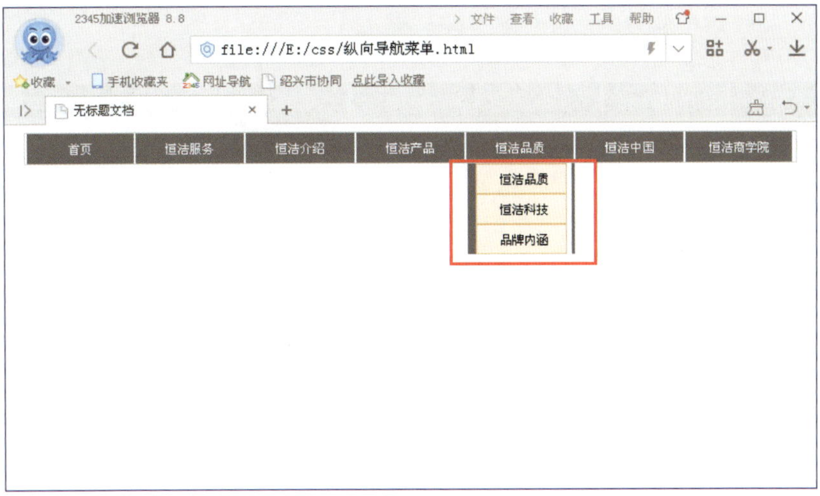


图 3-171　效果预览

为了更好地显示下拉菜单，我们需要对相关属性进行修改和新增。具体步骤如图 3-172、图 3-173 所示，最终效果如图 3-174 所示。

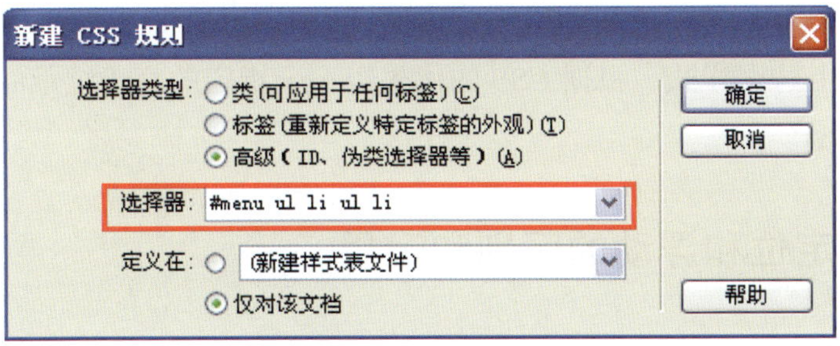


图 3-172　新建 CSS

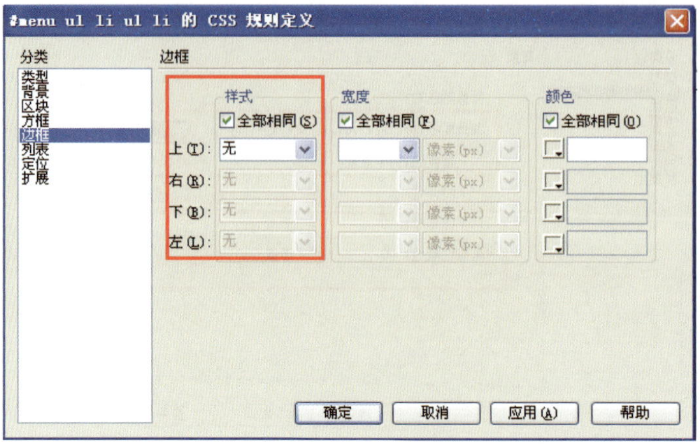


图 3-173　边框设置

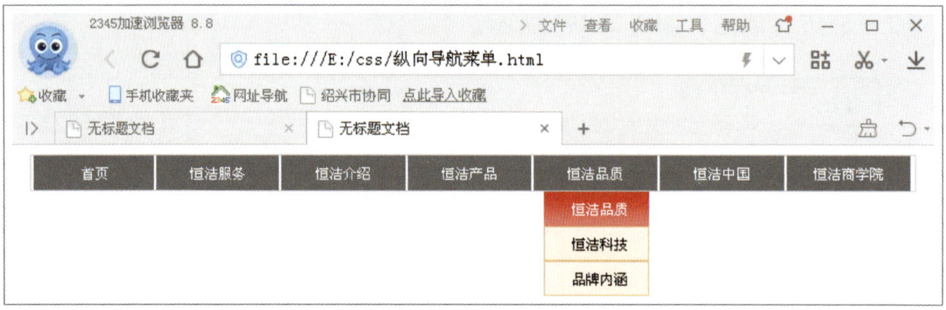


图 3-174　预览效果

## 任务分析

#menu ul li:hover ul 这个比较难理解，它的意思是定义当鼠标划过 #menu 下 ul 下 li 时，li 下的 ul 的样式设置为 display:block，意思是鼠标划过时显示这块内容。开始隐藏，鼠标划过时显示，这就实现了我们想要的效果。目前 IE6 只支持 a 的伪类，其他标签的伪类不支持，因此要想在 IE6 下也显示正确，需要借助 JS 来实现。我们定义一个类“.sfhover”（自己命名，需和 JS 中相同）的属性为 display:block，然后当鼠标划过后，用 JS 给当前 li 添加上这个样式，根据 CSS 的优先级——指定的高于继承的原则，就实现了 IE6 下的正确显示。

### 一、绝对定位和浮动的区别和运用

当一个元素使用绝对定位后，它的位置将依据浏览器左上角开始计算或相对于父容器

（在父容器使用相对定位时）。绝对定位使元素脱离文档流，因此不占据空间。普通文档流中元素的布局就与绝对定位的元素不存在时一样。因为绝对定位的框与文档流无关，所以它们可以覆盖页面上的其他元素。

而浮动元素的定位还是基于正常的文档流，然后从文档流中抽出并尽可能远的移动至左侧或者右侧。文字内容会围绕在浮动元素周围。当一个元素从正常文档流中抽出后，仍然在文档流中的其他元素将忽略该元素并填补它原先的空间。它只是改变了文档流的显示，而没有脱离文档流，理解了这一点，就很容易弄明白什么时候用定位，什么时候用浮动了。

一个元素浮动或绝对定位后，它将自动转换为块级元素，而不论该元素本身是什么类型。

## 二、纵向导航变横向导航

简单地将纵向导航变横向导航可以使用代码修改，代码参考如下：

```
body { font-family: Verdana; font-size: 12px; line-height: 1.5; }
a { color: #000; text-decoration: none; }
a:hover { color: #F00; }
#menu {margin:0 auto; border: 1px solid #CCC; height:26px; background: #eee;}
#menu ul { list-style: none; margin: 0px; padding: 0px; }
#menu ul li { float:left; padding: 0px8px; height: 26px; line-height: 26px; }
#menu ul li ul {
    border:1px solid #ccc;
    display: none;
}
#menu ul li ul li { float:none; width:85px; background:#eee; margin:0;}
#menu ul li ul li a { background:none;}
#menu ul li ul li a:hover { background:#333; color:#fff;}
#menu ul li:hover ul { display:block;}
```

### 任务拓展

扫一扫

视频：横向导航栏制作

这是对二级菜单设置的图片美化，作为课后实训，完成整个“恒洁卫浴”横向导航栏图片美化效果。效果图参考图 3-175。

图 3-175　效果图

## 任务实训

为校企合作单位“吉麻良斯”企业做一个企业官方网站首页的导航，要求为横向导航，有二级下拉菜单。利用 CSS 制作按钮。

# 任务十　其他类导航条制作

## 任务引导

导航栏除了最常见的鼠标经过效果和 div+CSS 制作设置外，在 Dreamweaver CS6 中我们可以采用 Spry 菜单制作下拉菜单。下拉菜单也是目前导航条中较常见的。海澜之家、聚美优品、淘宝等网站的主导航条或商品分类导航，在鼠标经过时都有子菜单产生。我们在前面学习了在 div+CSS 布局下制作定义下拉菜单，本任务中我们将用 Spry 菜单制作导航条。

本任务目标是用 Spry 构件制作导航菜单栏。为恒洁卫浴设计一个下拉菜单导航条（见图 3-176）。

图 3-176　效果图

## 任务实施

### 一、新建文件

打开 Dreamweaver CS6 软件，新建文件 index.html。

### 二、插入 div

插入一个 div，id 设置为“daohang”，同时设置 CSS 属性，如图 3-177 所示。

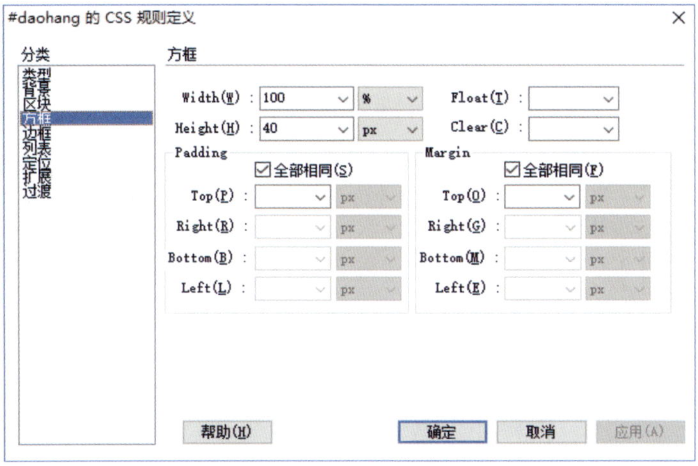


图 3-177　导航设置

## 三、插入 Spry 菜单

在 div 区域插入 Spry 菜单，界面见图 3-178 所示。

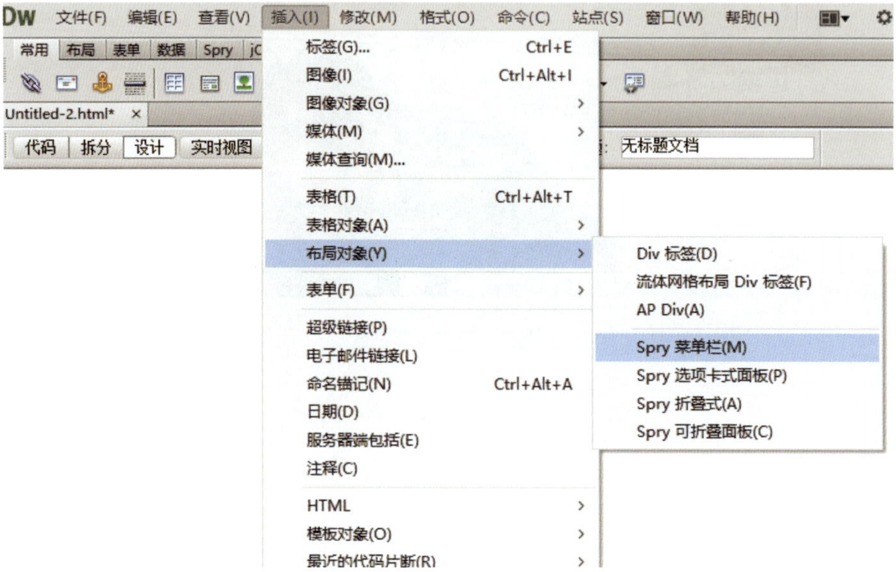

图 3-178　插入 Spry 菜单

插入之后会显示“Spry 菜单栏”可编辑区域。效果如图 3-179 所示：

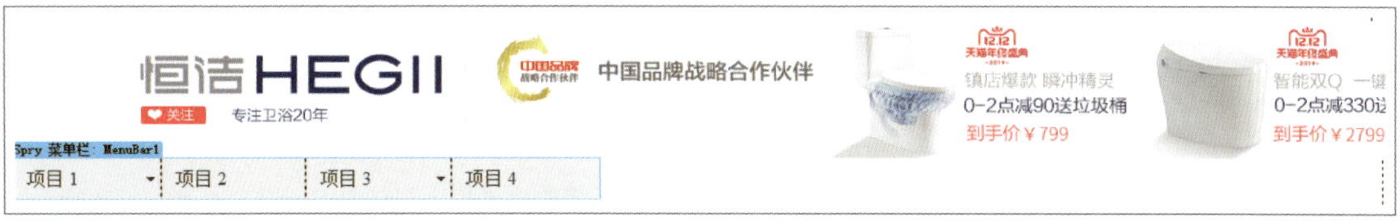

图 3-179　Spry 菜单插入后效果

接下去对“Spry 菜单栏”进行编辑。选中编辑区域，修改各栏属性，为 Spry 菜单添加主菜单项和子菜单项，并修改其样式。如图 3-180 所示。

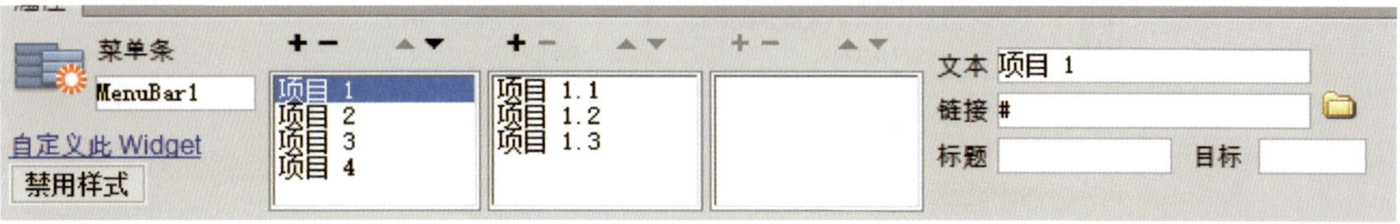

图 3-180　Spry 菜单属性修改

通过单击“+”或“-”来添加主菜单项或子菜单项；通过单击三角形来移动菜单项的位置。得到效果图如图 3-181 所示：

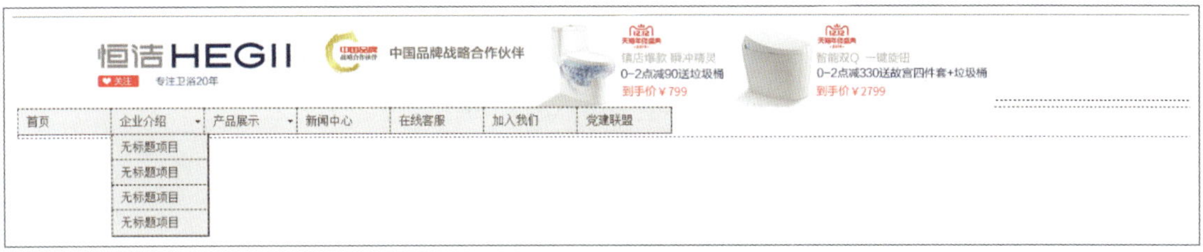


图 3-181　修改后效果图

## 四、设置 CSS 相关属性

为了让导航变得美观与符合网站设计要求，我们可以通过修改 CSS 样式，为其设置相关属性。具体操作为：单击 CSS 面板，单击“SpryMenuBarHorizontal.css”旁边的“+”，选择“ul.MenuBarHorizontal a”，在“区块”中设置文本对齐方式为居中（text-align:center）。如图 3-182、图 3-183、图 3-184 所示：

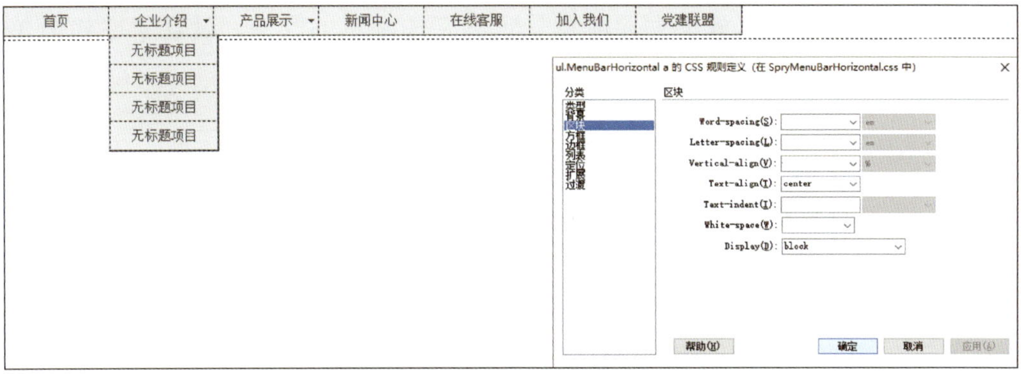


图 3-182　对齐设置

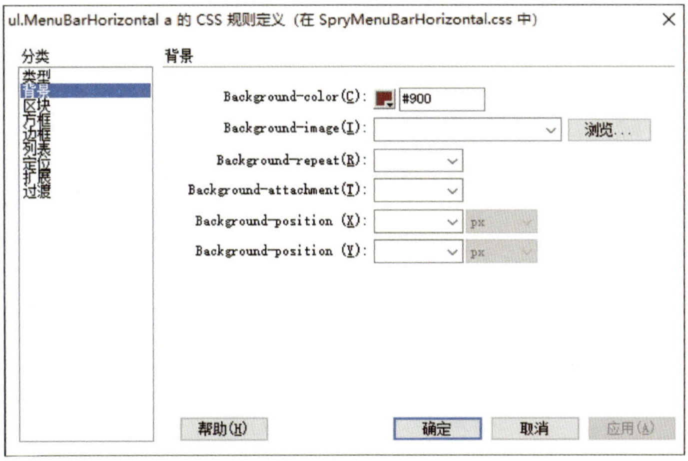


图 3-183　导航背景色设置

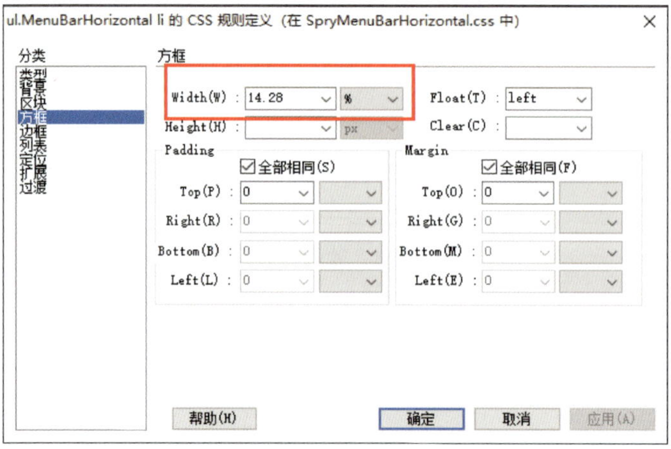


图 3-184　导航间距设置

## 五、设置预览网页

设置预览网页时鼠标放上去导航背景色和字体颜色的改变。设置属性如图 3-185 所示：

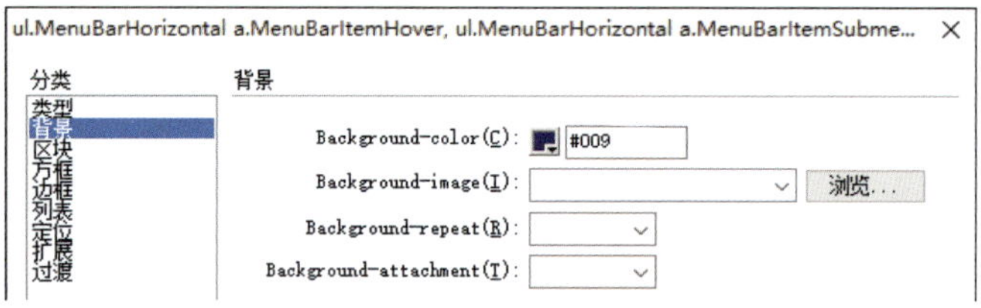


图 3-185　鼠标放上去背景色设置

同时，可以根据需求设置字体颜色和大小等，设置参考属性如图 3-186 所示：

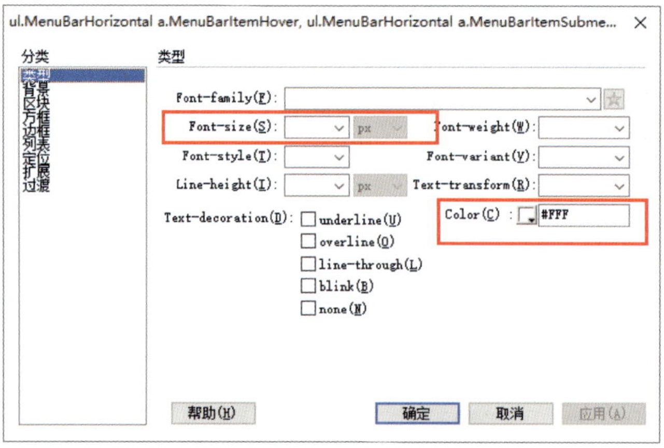


图 3-186　鼠标放上去字体设置

效果图如图 3-187 所示：

图 3-187　效果图

## 任务分析

Spry 构件是一个页面元素，通过启用用户交互来提供更丰富的用户体验。Spry 构件由以下几个部分组成：

构件结构：用来定义构件结构组成的 HTML 代码块。

构件行为：用来控制构件如何响应用户启动事件的 JavaScript。

构件样式：用来指定构件外观的 CSS。

Spry 构件包括验证文本域、验证文本区域、验证选择、验证复选框、Spry 菜单栏、Spry 选项卡面板、Spry 折叠式面板、Spry 可折叠面板等。下面介绍几项在网页导航中常用的 Spry 构件。

（1）Spry 菜单栏是一组可导航的菜单按钮，当将鼠标悬停在其中的某个按钮上时，将显示相应的子菜单。

（2）Spry 选项卡面板：用来将内容存储到紧凑空间中。

（3）Spry 折叠式面板：可以将大量内容存储在一个紧凑的空间中。

（4）可折叠面板构件：可将内容存储到紧凑的空间中。用户单击构件的选项卡即可隐藏或显示存储在可折叠面板中的内容。

## 任务拓展

扫一扫

视频：Spry 菜单制作

### 一、Spry 菜单的 CSS 样式

Spry 菜单的 CSS 样式详见表 3-1：

表 3-1 Spry 菜单的 CSS 文本样式

| 要更改的颜色 | 垂直或水平菜单栏的 CSS 规则 | 相关属性和默认值 |
| --- | --- | --- |
| 默认背景 | ul.MenuBarVerticala<br>ul.MenuBarHorizontal a | background-color: #EEE; |
| 当鼠标指针移过背景上方时，背景的颜色 | ul.MenuBarVertical a:hover<br>ul.MenuBarHorizontal a:hover | background-color: #33C; |
| 具有焦点的背景的颜色 | ul.MenuBarVertical a:focus<br>ul.MenuBarHorizontal a:focus | background-color: #33C; |
| 当鼠标指针移过菜单栏项上方时，菜单栏项的颜色 | ul.MenuBarVertical a.MenuBarItemHover<br>ul.MenuBarHorizontal a.MenuBarItemHover | background-color: #33C; |
| 当鼠标指针移过子菜单项上方时，子菜单项的颜色 | ul.MenuBarVertical a.MenuBarItemSubmenuHover<br>ul.MenuBarHorizontal a.MenuBarItemSubmenuHover | background-color: # |

## 二、Spry 菜单项的背景色

Spry 菜单项的背景色详见表 3-2：

表 3-2 Spry 菜单项的背景色

| 要更改的样式 | 垂直或水平菜单栏的 CSS 规则 | 相关属性和默认值 |
| --- | --- | --- |
| 默认文本 | ul.MenuBarVertical a<br>ul.MenuBarHorizontal a | color: #333; text-decoration: none; |
| 当鼠标指针移过文本上方时，文本的颜色 | ul.MenuBarVertical a:hover<br>ul.MenuBarHorizontal a:hover | color: #FFF; |
| 具有焦点的文本的颜色 | ul.MenuBarVertical a:focus<br>ul.MenuBarHorizontal a:focus | color: #FFF; |
| 当鼠标指针移过菜单栏项上方时，菜单栏项的颜色 | ul.MenuBarVertical a.MenuBarItemHover<br>ul.MenuBarHorizontal a.MenuBarItemHover | color: #FFF; |
| 当鼠标指针移过子菜单项上方时，子菜单项的颜色 | ul.MenuBarVertical a.MenuBarItemSubmenuHover<br>ul.MenuBarHorizontal a.MenuBarItemSubmenuHover | color: #F |

## 任务实训

根据上述 Spry 菜单的制作要求，为网络购物节的网站首页制作 Spry 菜单。

# 任务十一　用div+CSS制作网站首页

## 任务引导

本任务目标是用 div+CSS 设计制作“恒洁卫浴”首页。网页效果图如图 3-188 所示。

图 3-188　网页效果图

## 任务实施

### 一、新建站点

新建站点“hengjieweiyu”，具体设置如图 3-189 所示。

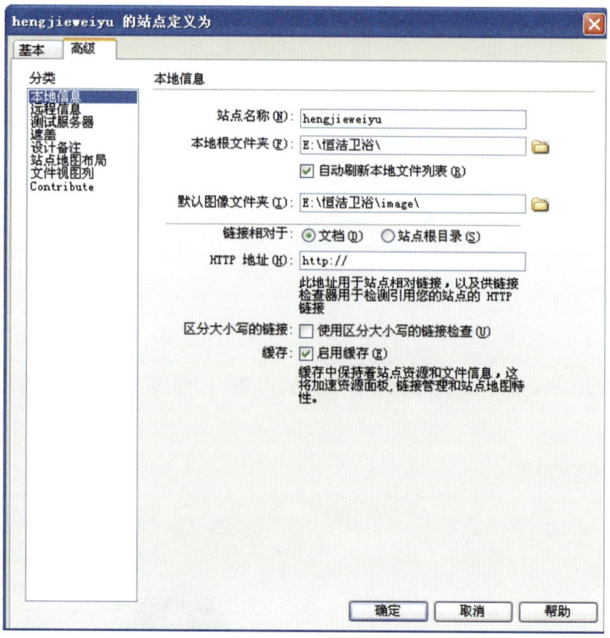


图 3-189　站点设置

## 二、保存首页

保存首页为 index.html，如图 3-190 所示。

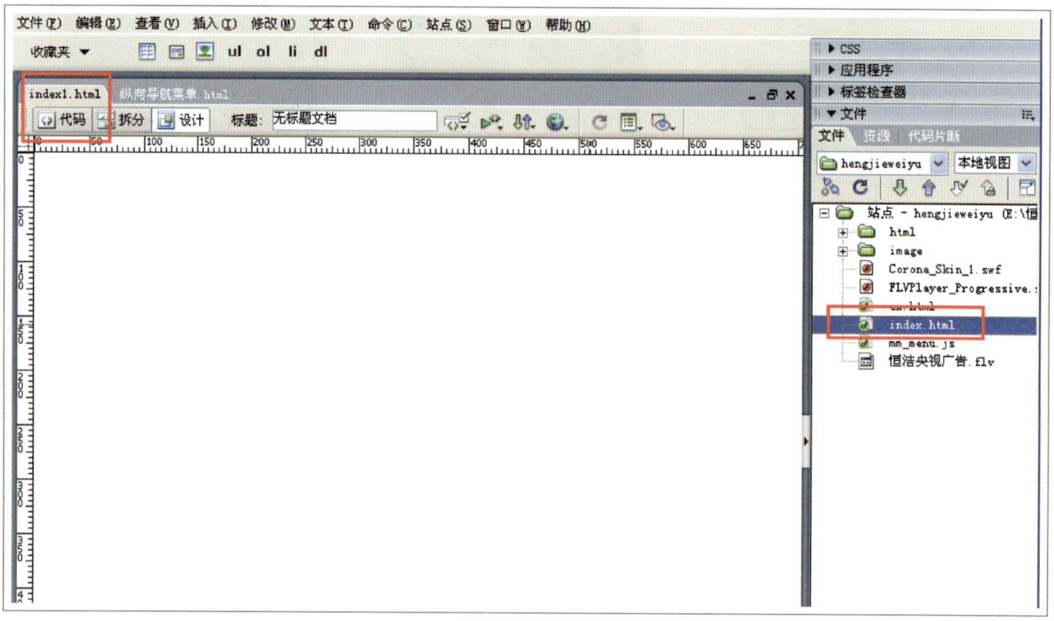


图 3-190　首页保存

## 三、建立站点后，对网页进行结构布局规划，搭建框架

根据页面设计，规划如图 3-191 所示。

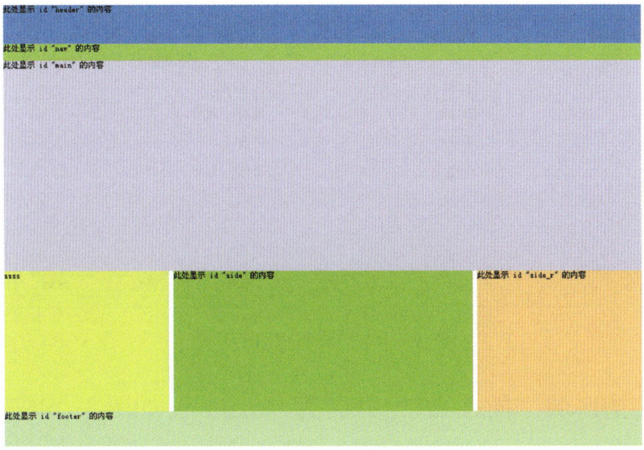


图 3-191　页面规划

（1）首先插入 div，命名“header”，新建 CSS 样式，如图 3-192 所示。

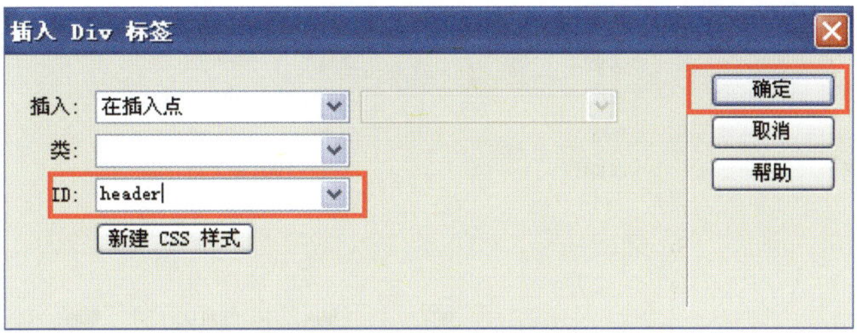


图 3-192　插入 div

设置 CSS 样式属性。具体设置步骤如图 3-193 所示。

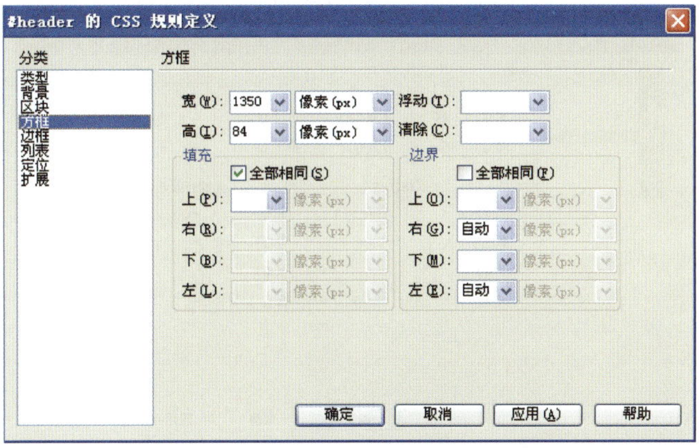


图 3-193　方框设置

（2）新建导航区域，插入 div，命名为“#nav”，其属性设置如图 3-194 所示。

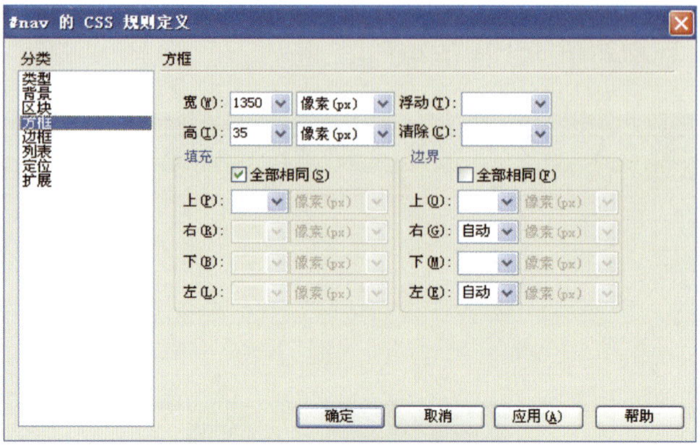


图 3-194　导航部分设置

（3）新建海报轮播区域，插入 div，命名为“main”，如图 3-195 所示。

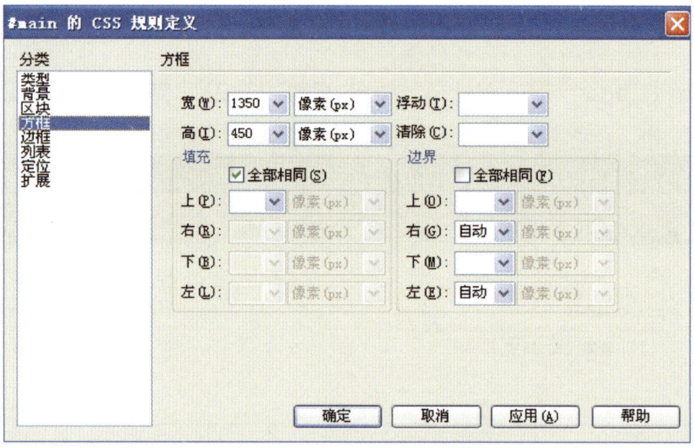


图 3-195　main 部分设置

（4）插入中间文字图片展示，命名为“content”，设计成左中右三部分，如图 3-196 所示。

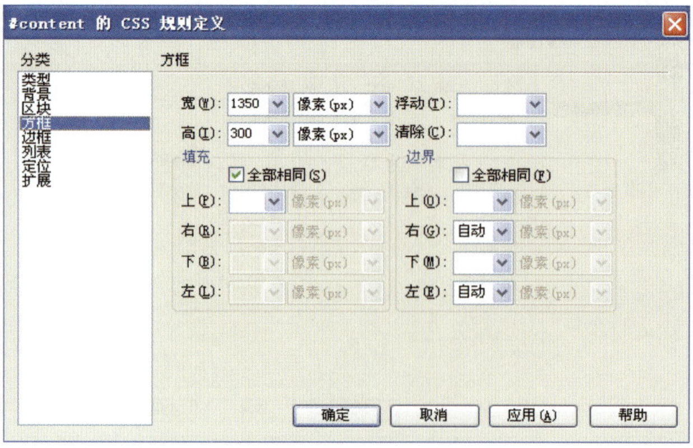


图 3-196　content 设置

（5）在这个里面插入三个 div，分别取名为“side_l”“side_r”“side”，如图 3-197、图 3-198 和图 3-199 所示。

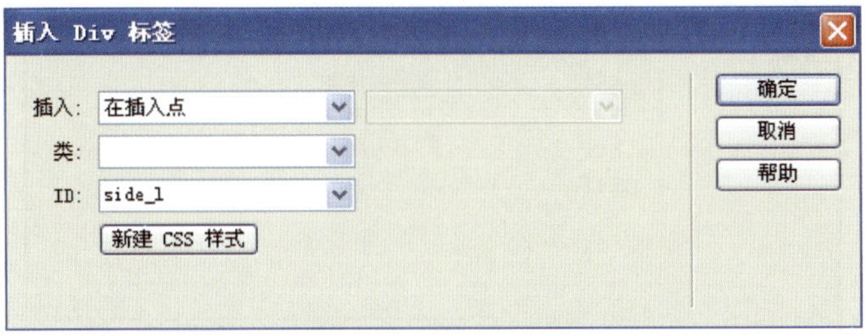


图 3-197　插入 div

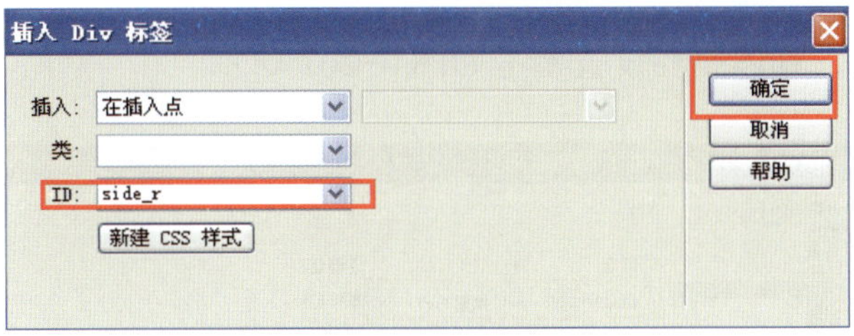


图 3-198　插入 div

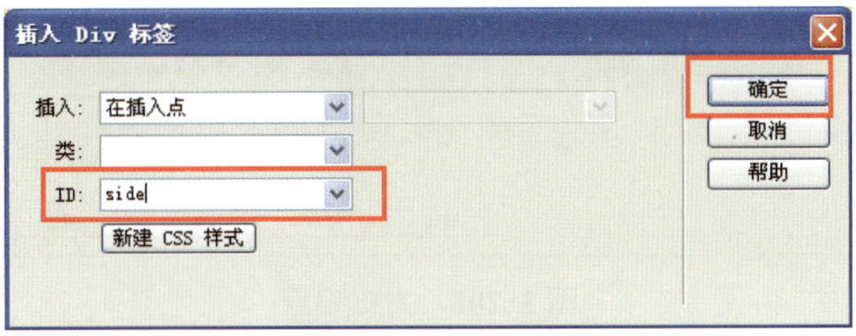


图 3-199　插入 div

插入后，具体的各个 div 属性设置如图 3-200、图 3-201 所示。

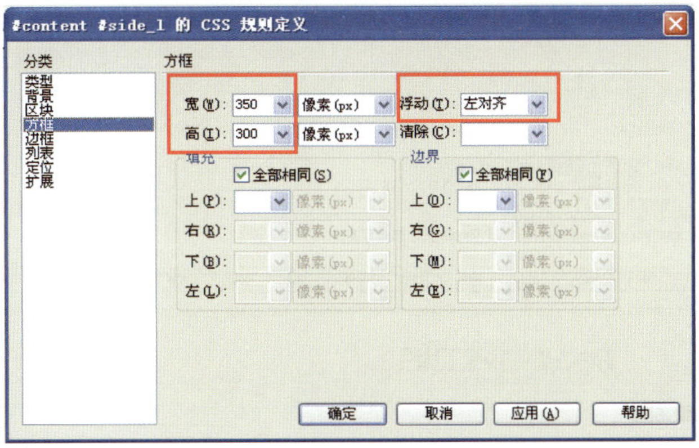


图 3-200　左浮动设置

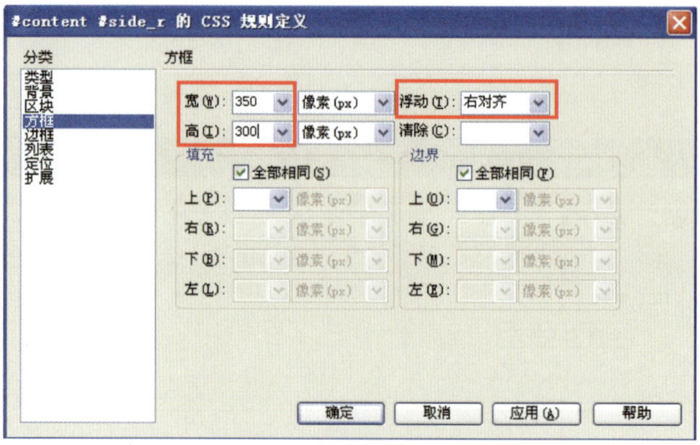


图 3-201　方框尺寸设置

设置中间列属性，具体属性设置参考如图 3-202 所示。

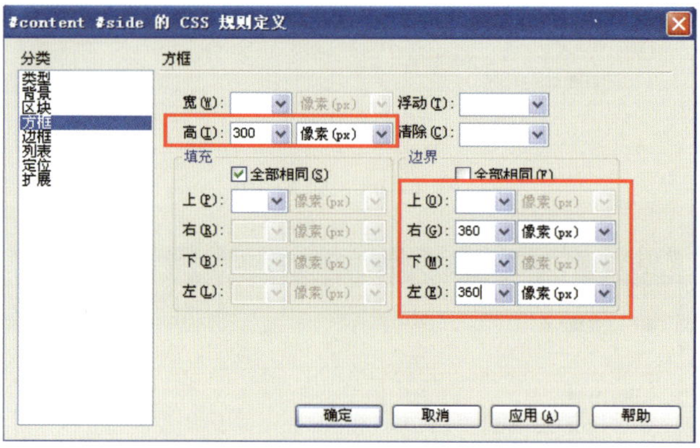


图 3-202　方框设置

## 四、利用布局好的框架，往网页里填充相应图片素材和文字等

完成后效果如图 3-203 所示。

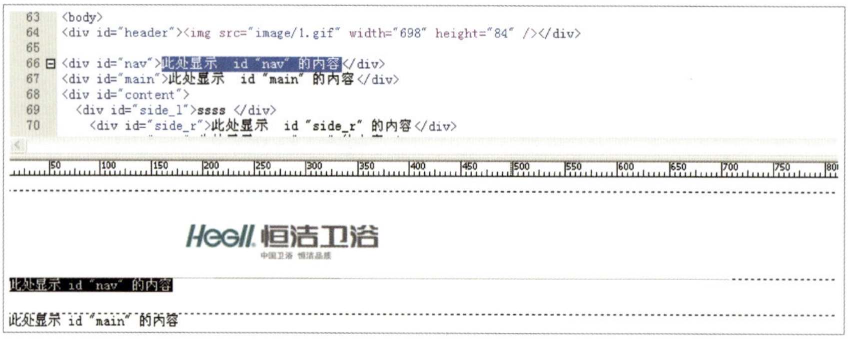


图 3-203　拆分视图

（1）在第一行中插入企业 Logo。

（2）在第二行中利用之前所学的 CSS 按钮制作方法和横向导航菜单制作，完成该部分导航制作，这里不再重复。素材填充编辑完后网站首页效果图如图 3-204 所示。

图 3-204　效果图

视频：全屏 Logo 与全屏导航制作

## 任务分析

该任务在实施中主要是对前面所学知识的复习与应用。主要涉及整体网页布局。

## 任务拓展

在进行网页素材制作和收集时，我们可以采用在 Dreamweaver 直接布局页面，也可以采用在 Photoshop 中先设计制作完成网站首页，然后将首页效果图切片处理及导出。

## 一、启动 Photoshop，打开网页效果图

为了提高制作效率，目前很多网站通常直接通过网页模板来修改完成。网页模板格式最常见的是 psd，可以将模板文件直接通过 Photoshop 打开，然后根据客户的需要进行相应的修改，最后完成最终的页面效果。由于在前续项目中已经熟练掌握 Photoshop 的操作，在本任务中重点讲述效果图的切片处理以及如何通过 Dreamweaver 完成网站首页面的制作。

## 二、设置标尺和参考线

为了方便定位和测量距离，需要设置标尺和参考线。首先将标尺和参考线的单位进行常规设置。执行“编辑 | 首选项 | 单位与标尺”命令，在弹出的对话框中分别设置“单位与标尺”“参考线、网格、切边和计数”。在本任务中将“单位与标尺”中的“标尺”单位设置为“像素”。

通过执行“视图 | 标尺”命令，在工作区边缘显示标尺，便于参考线定位。

## 三、使用切片工具

通过单击“工具箱”的切片工具，使鼠标变成切片刀，可对工作区的图像进行切片操作。

（1）首先，考虑按整体布局结构进行切片。通过切片工具，对首页头部的企业 Logo 沿图片边界进行框选，完成第一个切片。

（2）然后对整个横向导航栏和 banner 广告宣传栏进行整体切片，对于颜色复杂的区域常采用整体框选。在切片过程中可借助参考线定位，完成页面中头部的切片。

（3）接着对页面主体部分进行切片。将标题栏、图片分别切片，便于在页面编辑时替换。

（4）再是对尾部的切片，其中的文字部分，由于在 Dreamweaver 中可以重新输入，切片不需要考虑。

## 四、切片的作用

加快图片加载速度，方便用图片做网页模版，方便对没有图片内容的地方进行修改，可以减少背景图片。若背景一致，切一小片然后选择表格背景平铺。

## 五、切片工具

选择切片工具，可以在图片中框选产生切片。在工具选项栏中的样式设置为：

正常，默认选项，通过框选拖动来确定切片长宽比例。

固定长宽比，设置高宽比。输入整数或小数作为长宽比。

固定大小，指定切片的高度和宽度，输入单位为像素值。

在通过切片工具创建切片时，按住 Shift 键并拖动可使切片为正方形，按住 Alt 键可使切片从中心向四周扩展。

## 六、基于参考线的切片

可通过参考线在图像上定位，然后点选“基于参考线的切片”。可沿参考线创建相应的切片，同时将删除所有现有切片。基于图层的切片将包括图层中的所有像素数据。如果移动图层或编辑图层内容，切片区域将自动调整以包含新像素。

## 七、切片类型

切片可按照内容类型分为图像切片和无图像切片；按照创建方式分为用户切片、基于图层的切片和自动切片。使用切片工具创建的切片被称为用户切片，也是最常见的；通过图层创建的切片称作基于图层的切片。当创建用户切片或基于图层的切片时，将会自动生成切片来占据该用户切片或基于图层的切片的周围区域，也就是自动切片为图像中用户切片或基于图层的切片未定义的空间。

当图像文件为多图层时，可将各图层单独做一个切片。选中要创建切片的图层，点选“图层”菜单列表中的“新建基于图层的切片”来生成。由于基于图层的切片与图层的像素内容相关联，灵活性不高，自动切片无法单独优化，但可以将自动切片和基于图层的切片转换为用户切片。通过切片选择工具的选项栏中的“提升”按钮实现。

## 八、切片时的注意事项

各个切片的边界尽可能多的处于同一横坐标或纵坐标上。这样便于调整各个切片的边界，也便于在 Dreamweaver 中编辑。在切片时，背景相同、重复出现的区域裁切成统一大小，只使用其中一张区域的图片即可。在 Dreamweaver 后期处理时，颜色单一的区域可直接使用表格或者背景颜色来设置，因此在切片的过程中，这部分切片的“切片类型”可选“无图像”。

## 九、组合切片

扫一扫

视频：首页切片处理的重要性

可以将两个或多个切片组合为一个单独的切片。操作步骤为：首先选择切片选择工具，再按住 Shift 键后点选要组合的切片，最后点击右键在快捷菜单中选择“组合”。选择的组合切片如果不相邻，或者比例或对齐方式不同，则新组合的切片可能会与其他切片重叠。

组合切片将采用选定的切片系列中的第一个切片的优化设置。组合切片始终为用户切片，而与原切片是否含有自动切片无关。另外，基于图层的切片是无法进行组合的。

### 任务实训

完成在线学习平台上发布的首页切片任务。

# 项目四 店铺装修设计

## 项目简介

通过项目四的学习，了解店铺装修的各种海报的尺寸规格，掌握店铺首页装修、全屏装修的方法；掌握移动端和 PC 端装修的步骤与方法。

## 能力目标

（1）能够进行全屏店招、导航制作装修；
（2）能够进行全屏海报装修；
（3）能够用自定义代码编写全屏海报效果；
（4）能够用自定义代码制作全屏轮播海报；
（5）能够进行关联营销制作与装修；
（6）能够进行首页全屏装修；
（7）能够进行无线端装修。

## 知识目标

（1）了解淘宝店铺和天猫店铺店招海报尺寸大小；
（2）掌握全屏店招和导航尺寸规格；
（3）掌握淘宝店铺全屏海报尺寸；
（4）掌握关联营销制作方法。

# 任务一　店招制作装修

## 任务引导

“天姥山农产品公社”是新昌一位水蜜桃种植户王大姐的店铺，店铺主要销售其种植的水蜜桃和新昌当地的一些农土特产品，也是我们近几年做的电商扶贫的公益项目之一。为帮助其拓宽销售渠道和推广产品，我们为其开设了淘宝店铺，同时帮助其装修设计店铺。如果你是该店铺的一位运营人员，需要你对店铺店招进行设计并装修，你会怎么做？

## 任务实施

店招为店铺文化的浓缩，它会在店铺的顶部出现，通过店招可以让客户在第一时间了解店铺的名称及主营的商品，好的店招可以向客户传达信任感。店招是店铺第一屏内容，是买家进入店铺看到的第一个模块，是打造店铺品牌的最好阵地，也是让买家瞬间记住店铺的最好阵地。现在店铺的店招一般都是走两条路线，但比较好的店招都是和促销区呼应的，特别是风格、颜色。图 4-1 为天目山刘欢农产品店招。

图 4-1　天目山刘欢农产品店招

该店招的设计左侧为网店的 Logo，边上是网店的名称，下面是网店的标语口号，右侧是店铺的特色。

也有一些店铺的店招比较简洁单一，背景颜色比较纯，如天姥山农产品公社的店招（见图 4-2）。

图 4-2　天姥山农产品公社店招

具体实施步骤如下：

## 一、店招设计

设计好一款要装修的店招。见参考图 4-3。

图 4-3　参考图

## 二、店招装修

将制作好的店招进行店铺装修设计，具体的装修步骤如下：

（1）将制作好的图片放到自己的淘宝图片空间里。具体为进入卖家中心→ 店铺管理，然后找到图片空间，将图片传到图片空间里（见图 4-4）。

图 4-4　图片空间

（2）点击右上角的“上传图片”按钮，如图 4-5 所示。

图 4-5　图片空间上传

（3）选择右边通用上传，将要上传的图片选中上传。如图 4-6、图 4-7 所示。

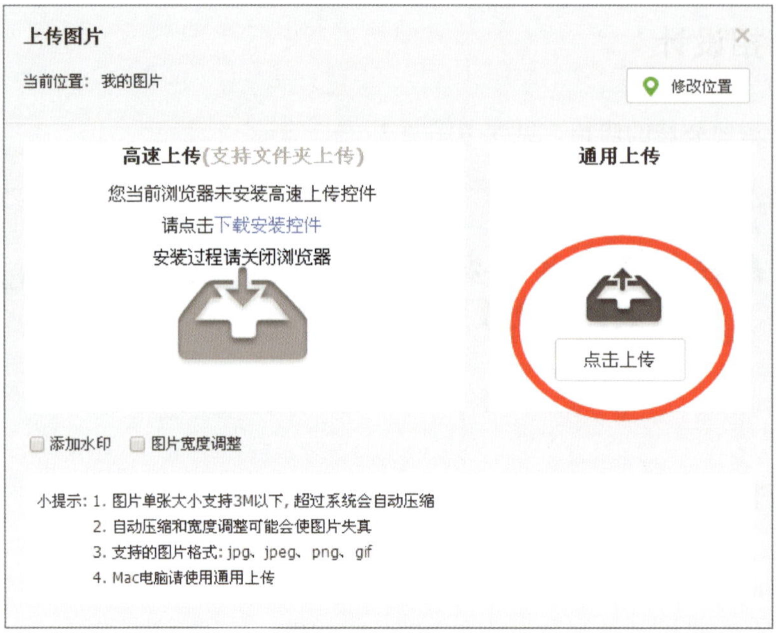


图 4-6　上传图片

图 4-7　上传示例

（4）上传到图片空间后，可以进行店铺装修，在卖家中心里找到“店铺管理→店铺装修”，进入后进行店招的装修。如图 4-8 所示。

图 4-8　后台

进入店铺装修之后，点击店招上面的编辑，然后进行店招的属性编辑和图片选择，具体如图 4-9、图 4-10 和图 4-11 所示。

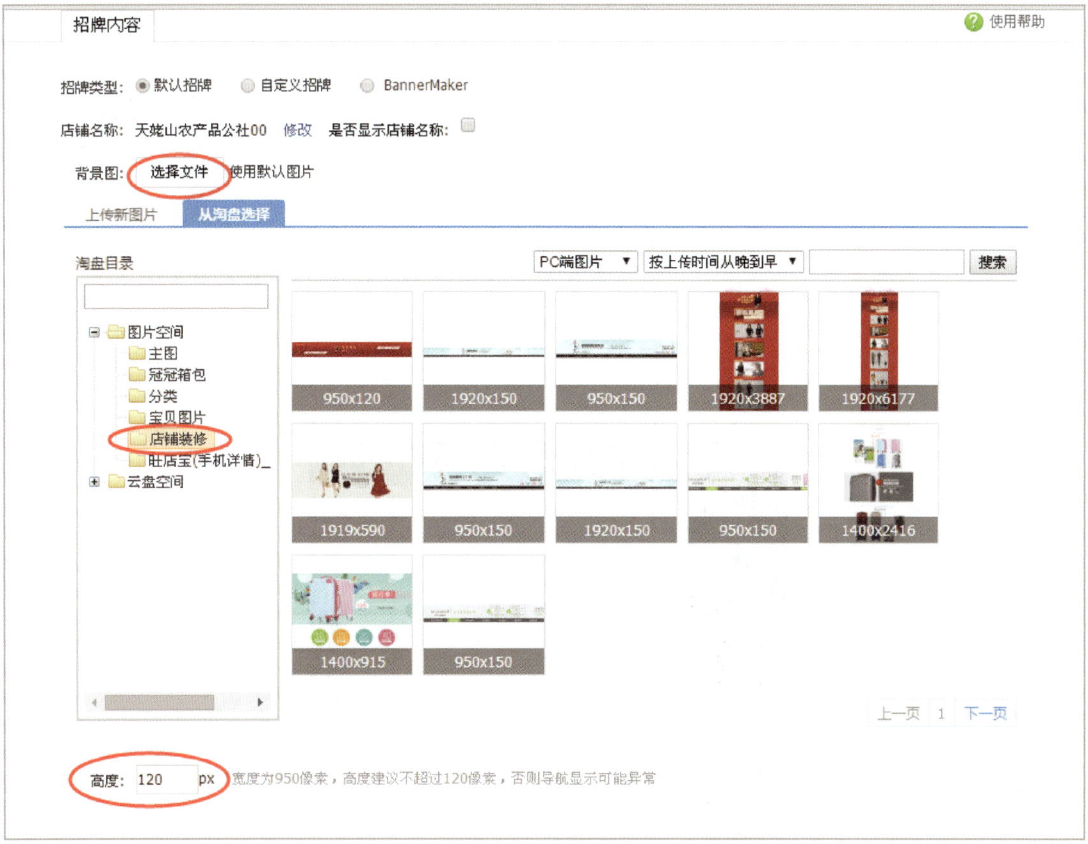


图 4-9　上传图片

图 4-10　店招上传

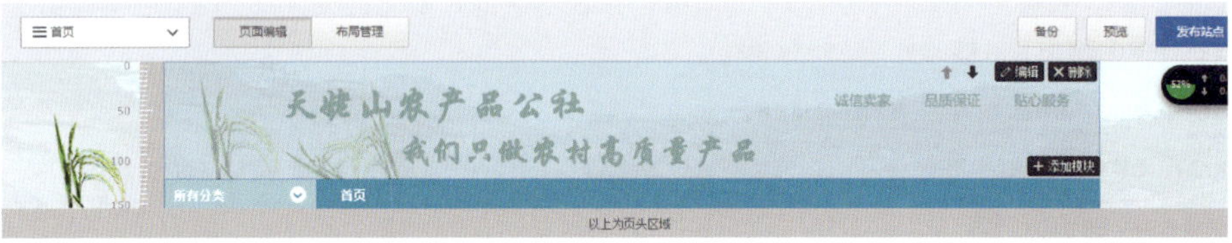


图 4-11　店招上传效果

（5）为了让店招更好地展示，也可以设置页头背景，可以选择图片或者纯色的背景色作为背景，如果是全屏店招还需要进行全屏店招背景图片设计，如图 4-12 所示。

图 4-12　页头背景选择

装修后效果图如图 4-13 所示。

图 4-13　效果图

扫一扫

视频：全屏店招的装修

## 任务分析

## 一、店招

网店店招一般均由文字和图像素材构成。店招的文字基本可由店名（Logo）、主营业务、资质、广告宣传语、特色这几种类型构成。图像素材则主要由修饰文字部分的图片和商品图片来构成。这里店招设计店铺版本为免费的专业版，宽为 950px，如果是天猫店铺，则宽为 990px。

全屏店招尺寸为 1920 × 120px。

## 二、店招设计技巧

### 1. 淘宝店招设计的注意点

（1）店招一定要凸显品牌的特性，让客户很容易就清楚你是卖什么的，包括风格、品牌文化等。

（2）视觉重点不宜过多，有 1～2 个就够了，太多了会给店招造成压力。要根据店铺现阶段的情况来分析，如果现阶段是做大促，可以着重突出促销信息。

（3）整体风格要与店内产品统一。

（4）颜色不要复杂，要保持整洁性。

（5）如果店招里有季节的要素，需要根据季节及时更换。比如女装店要注意随着季节变化及时调整，不要在店招上放置过季服装。

2. 淘宝店招设计的技巧

（1）相对于图像，文字更具吸引力。与你所认为的相反，在浏览一个网站的时候，能够直接吸引用户目光的并不是图像，大多数通过偶然点击进入你的网站的用户，他们是来寻觅信息的而不是图像。因此，让你的网站设计凸显出最重要的信息板块，才是设计的首要原则。

（2）眼球的第一运动聚焦于网页的左上角。用户浏览网页的这一习惯应该在意料之中，毕竟左上部为主要操作中心为大多数重要的计算机应用程序的设计所认可并采用。在考虑网站设计时应该尽量保持这一格式。要知道，如果你希望保持个人特色，搭建一个成功的网站，就必须尊重用户的习惯。

（3）用户浏览网页时，首先观察网页的左上部和上层部分，之后再往下阅读，浏览右边的内容。用户普遍的浏览方式呈现“F”的形状。保证网站内容的要素集中于这些关键区域，可确保读者的参与。在此放置头条、副题、热点以及重要文章，可以吸引读者进行阅读。

（4）读者会忽视横幅广告。研究表明，读者常忽视大部分的横幅广告——尽管你以此维持网站生计，但他们的视线往往只停留片刻。

（5）花哨的字体和格式被忽视。因为用户会认为这些是广告，并非他们所需要的信息。事实上，用户很难在充满大量颜色的花哨字体格式里寻找到所需的信息，因为视觉线索会引导他们把这些忽略掉。保持网站的清爽，不要因为华而不实的表面让重要的信息被湮没。

扫一扫

视频：网店店招设计技巧

## 任务拓展

代码视图下复制链接，进行代码复制。

## 任务实训

为“天姥山农土特产品”店铺设计一个 1920 × 120px 的店招。

# 任务二　全屏海报制作

## 任务引导

全屏装修是为了让店铺从视觉上来说更加有冲击力，店铺首页更加美观，设计上更加具有创意性，也可以进行自由发挥，创新余地比较大。本任务通过“天姥山农土特产品店”全屏海报装修，主要利用码工助手平台进行装修（见图 4-14）。

图 4-14　效果图

## 任务实施

扫一扫

视频：详情页首屏聚焦设计技巧

首先需要制作一张全屏海报，仍旧以刚才的海报为例，此时制作的海报大小至少为 1400×550px，或者是 1920×550px。其他制作方法在前面教程中已经涉及，这里不再重复。

### 一、进入店铺装修，添加模块

详见图 4-15。

图 4-15　装修界面—添加模块

## 二、选择自定义区，将其拖动到右边的模块中

详见图 4-16。

a 图

b 图

图 4-16　添加自定义区

## 三、添加的自定义区如果只是单独插入图片，其大小最多也是950px，不能全屏

需要全屏海报效果，可以利用“码工助手”网站，通过在线制作的方式将代码复制到自定义区进行装修。具体步骤如下：

（1）打开 http://www.001daima.com/，进入后首先需要注册用户名（见图 4-17）。

图 4-17　免费注册

（2）点击注册后选择用 QQ 号登录即可，如果 QQ 本身已经登录电脑，只需点击下图 QQ 图像直接登录（见图 4-18）。

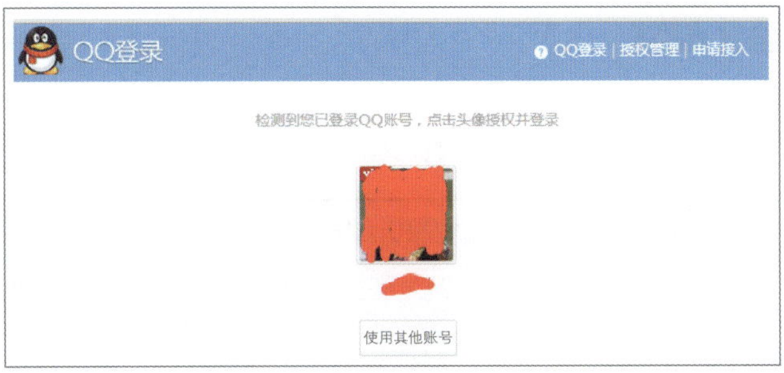


图 4-18　登录

（3）点击“代码生成”，进入页面（见图 4-19）。

图 4-19　代码生成

（4）从代码生成中找到“全屏海报”，点击（见图 4-20）。

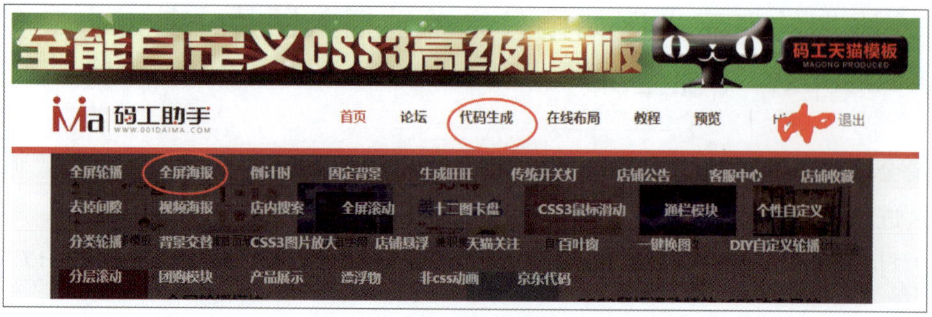


图 4-20　全屏海报

（5）进入后，首先添加图片链接，这个图片链接必须来源于淘宝图片空间。点击载入图片，如图 4-21 所示。

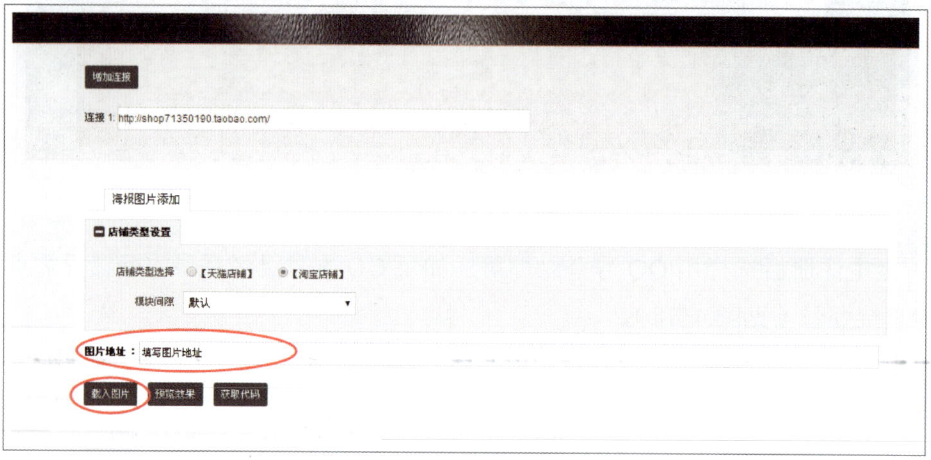


图 4-21　图片链接

（6）到图片空间复制宽为 1400px 或 1920px 的图片（见图 4-22）。

图 4-22　复制链接

（7）点击“载入图片”后如图 4-23 效果。

图 4-23　效果图

（8）选择淘宝店铺，如图 4-24 所示。

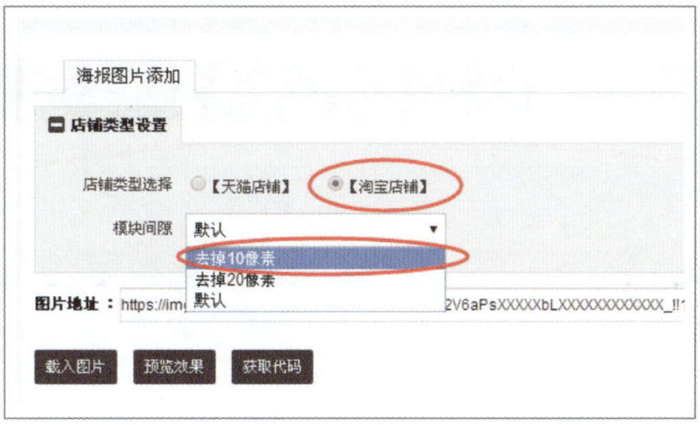


图 4-24　设置

（9）效果图上的绿色方框是设置链接的热点，可以自由移动或缩小扩大。按住右下角的点进行伸缩，如图 4-25 和图 4-26 所示。

图 4-25　热点伸缩

图 4-26　设置

（10）添加链接为热点，如图 4-27 所示。

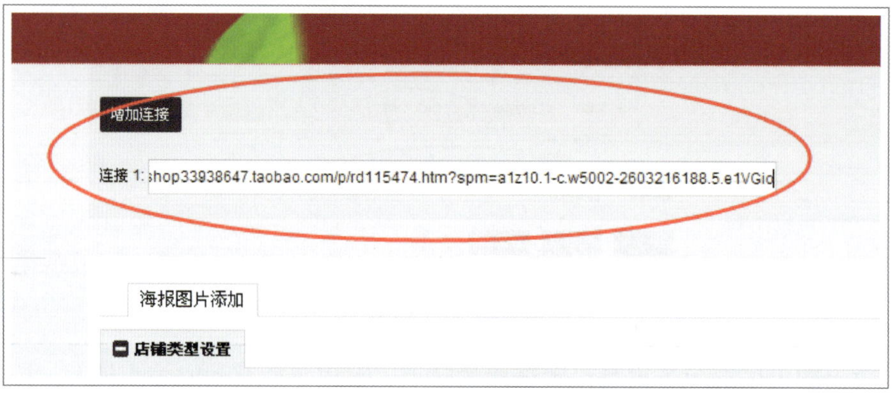


图 4-27　添加链接

（11）可以进行效果预览，如图 4-28 和图 4-29 所示。

图 4-28　预览

图 4-29　效果预览

（12）获取代码，如图 4-30 所示。

图 4-30　获取代码

（13）点击“复制内容”，如图 4-31 所示。

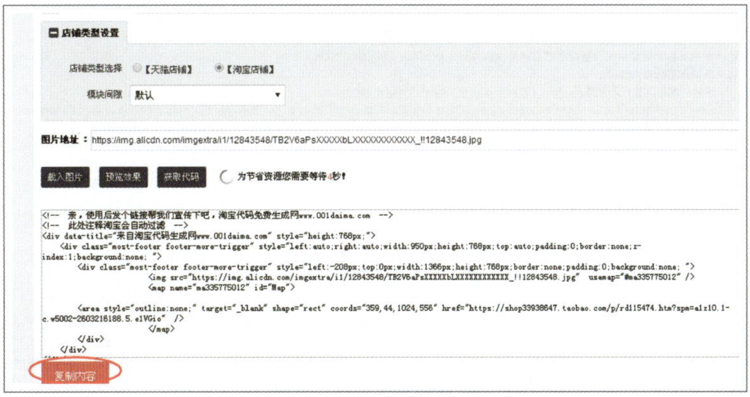


图 4-31　复制内容

（14）点击刚才的自定义区的“编辑”，如图 4-32 所示。

图 4-32　编辑

点击红色的圈标注的两个地方，插入代码，立即保存，确定，如图 4-33、图 4-34 和图 4-35 所示。

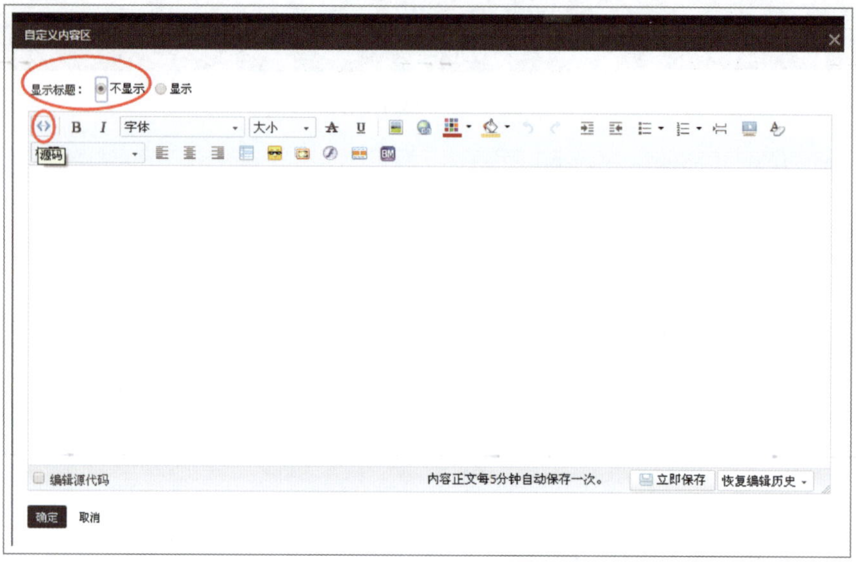


图 4-33　插入代码

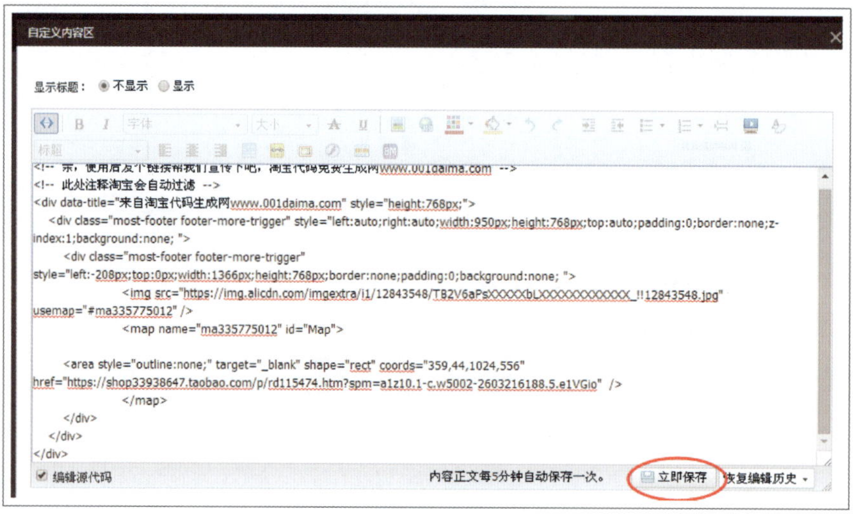


图 4-34　立即保存

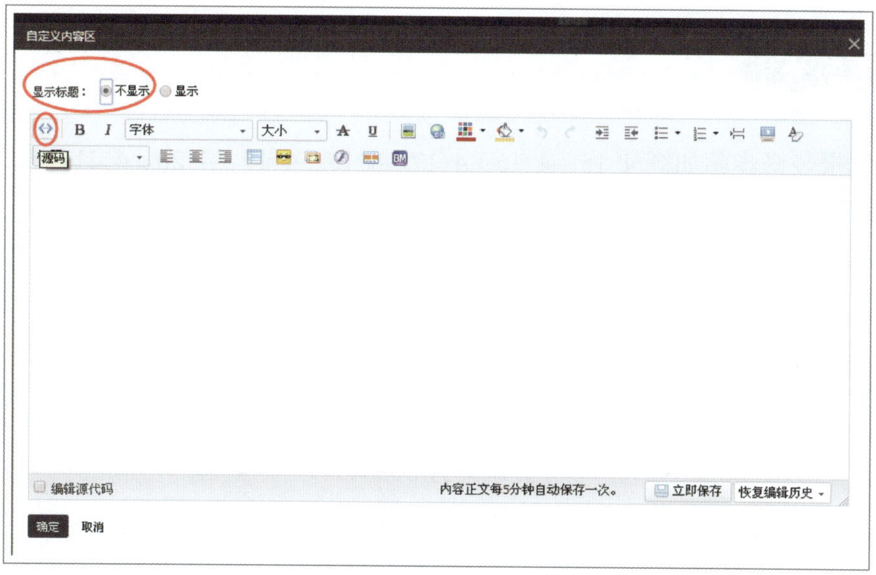


图 4-35　确定

（15）点击发布站点，进行首页效果查看，如图 4-36 和图 4-37 所示。

图 4-36　发布站点

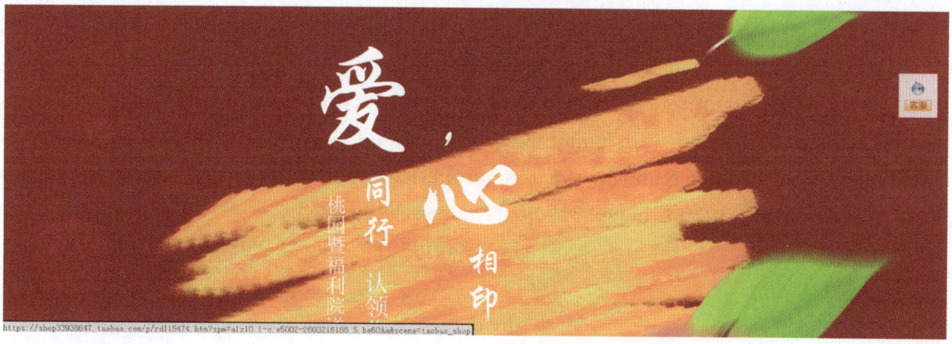

图 4-37　效果图

## 任务分析

全屏海报装修步骤如图 4-15、4-16、4-17、4-18、4-19、4-20、4-21、4-22、4-23、4-24、4-25、4-26、4-27、4-28、4-29、4-30、4-31、4-32、4-33、4-34、4-35、4-36、4-37 所示。

## 任务拓展

### 全屏轮播滚动

通过代码编辑修改，可以在自定义区插入此代码，实现全屏轮播海报效果。

```
<div class="J_TWidget mypopereeeacclD" data-widget-config="{&quot;effect&quot;: &quot;fade&quot;,&quot;circular&quot;: true ,&quot;contentCls&quot;:&quot;sj-teeeacclD&quot;,&quot;navCls&quot;:&quot;sj-neeeacclD&quot;,&quot;autoplay&quot;:&quot;true&quot;}" data-widget-type="Tabs" style="padding-bottom:0px;margin:0px;padding-left:0px;padding-right:0px;height:3290px;overflow:hidden;padding-top:0px;">
    <div class="sj-teeeacclD">
        <div class="J_TWidget ks-switchable-panel-internal532" data-widget-config="{&quot;contentCls&quot;: &quot;sj-contenteeeacclD&quot;,&quot;navCls&quot;: &quot;sj-neeeacclD&quot;,&quot;triggerType&quot;: &quot;click&quot;,&quot;effect&quot;: &quot;fade&quot;,&quot;steps&quot;: 1,&quot;autoplay&quot;: true,&quot;circular&quot;: true ,&quot;prevBtnCls&quot;:&quot;prev1eeeacclD&quot;,&quot;nextBtnCls&quot;:&quot;next1eeeacclDeeeacclD&quot;}" data-widget-type="Carousel" style="display:block;opacity:1;z-index:9;">
            <div class="pa2">
                <ul class="sj-contenteeeacclD" style="padding-bottom:0px;margin:0px;padding-left:0px;width:1920px;padding-right:0px;height:3290px;overflow:hidden;padding-top:0px;">
                    <li class="ks-switchable-panel-internal631" style="padding:0px;list-style-type:none;margin:0px;width:1920px;top:-20px;left:-465px;display:block;opacity:1;z-index:9;">
                        <div style="width:1920px;height:3290px;overflow:hidden;">
                            <div class="J_TWidget" data-widget-config="{&quot;contentCls&quot;: &quot;taobao-kaidian-com&quot;,&quot;navCls&quot;: &quot;taobaokaidian-com&quot;,&quot;interval&quot;: 4,&quot;effect&quot;: &quot;scrollx&quot;,&quot;easing&quot;: &quot;easeOutStrong&quot;,&quot;prevBtnCls&quot;:&quot;prev&quot;,&quot;nextBtnCls&quot;:&quot;next&quot;,&quot;autoplay&quot;: false,&quot;viewSize&quot;:[1920],&quot;circular&quot;: true}" data-widget-type="Carousel" style="width:1920px;height:3290px;position:relative;">
                                <div class="ux19201" style="height:3290px;margin:0;padding:0;position:relative;width:1920px;">
                                    <div class="taobao-kaidian-com">
                                        <div><a href="http://detail.tmall.com/item.
```

```
htm?spm=a1z10.1.w5003-7073513169.1.0eK57C&amp;id=35388184018&amp;rn=624548a6dcc134b123
9618ad1d3d7f27&amp;scene=taobao_shop" target="_blank"><img border="0" height="3100" src="http://
img03.taobaocdn.com/imgextra/i3/12843548/TB2dzWbbXXXXXb7XXXXXXXXXXXX_!!12843548.jpg"
width="1920" /></a></div>
                    </div>
                </div>
                <div class="taobaokaidian-com" style="display:none;">
                     
                </div>
                 <div class="J_TWidget" data-widget-config="{&quot;trigge
r&quot;:&quot;.ux19201&quot;,&quot;align&quot;:{&quot;node&quot;:&quot;.ux19201&quot;,&quot;of
fset&quot;:[-490,0],&quot;points&quot;:[&quot;cc&quot;,&quot;cc&quot;]}}" data-widget-type="Popup"
style="display:none;">
                    <div class="prev" style="font-size:100px;cursor:pointer;opaci
ty:0;display:none;">
                        <span><img title="上一屏" /></span>
                    </div>
                </div>
                 <div class="J_TWidget" data-widget-config="{&quot;trigge
r&quot;:&quot;.ux19201&quot;,&quot;align&quot;:{&quot;node&quot;:&quot;.ux19201&quot;,&quot;of
fset&quot;:[490,0],&quot;points&quot;:[&quot;cc&quot;,&quot;cc&quot;]}}" data-widget-type="Popup"
style="display:none;">
                    <div class="next" style="font-size:100px;cursor:pointer;opaci
ty:0;display:none;">
                        <span><img title="下一屏" /></span>
                    </div>
                </div>
            </div>
        </div>
    </li>
  </ul>
</div>
<div style="width:1300px;display:none;height:0px;overflow:hidden;">
    <ul class="sj-teeeacclD" style="padding-bottom:0px;margin:0px;padding-
left:0px;width:1300px;padding-right:0px;height:50px;padding-top:0px;">
        <li style="padding-bottom:0px;list-style-type:none;margin:0px;padding-
left:0px;width:315px;padding-right:0px;background:black;float:left;height:1249px;padding-top:0px;">
             
        </li>
        <li style="padding-bottom:0px;list-style-type:none;margin:0px;padding-
left:0px;width:315px;padding-right:0px;background:#F8C;float:left;height:1249px;padding-top:0px;">
             
```

```
                </li>
                <li style="padding-bottom:0px;list-style-type:none;margin:0px;padding-left:0px;width:315px;padding-right:0px;background:#F1C;float:left;height:1249px;padding-top:0px;">
                     
                </li>
            </ul>
        </div>
        <ul class="sj-neeeacclD" style="padding-bottom:0px;margin:0px;padding-left:0px;padding-right:0px;display:none;height:1px;padding-top:0px;">
            <li class="ks-switchable-trigger-internal531 ks-switchable-trigger-internal630">
                 
            </li>
            <li class="ks-switchable-trigger-internal531 ks-switchable-trigger-internal630">
                 
            </li>
        </ul>
    </div>
  </div>
</div>
```

## 任务实训

为“天姥山公社土特产店”完成全屏海报和首页装修。

# 任务三　天猫店铺全屏装修

## 任务引导

吉麻良斯天猫旗舰店为我校“易越天下”社会服务工作室校企合作项目，我们负责其天猫店铺整体运营推广。现将 PC 端店铺装修过程进行讲解。

## 任务实施

### 一、登录商家中心后台

详见图 4-38。

图 4-38　登录后台

### 二、店铺管理—店铺装修

详见图 4-39。

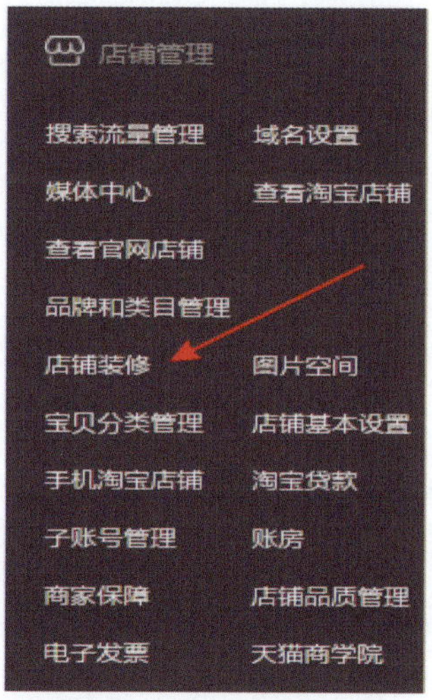


图 4-39　进入后台

## 三、选择 PC 端

进入店铺装修以后，出现手机端和 PC 端两种选择，如图 4-40、图 4-41 所示。

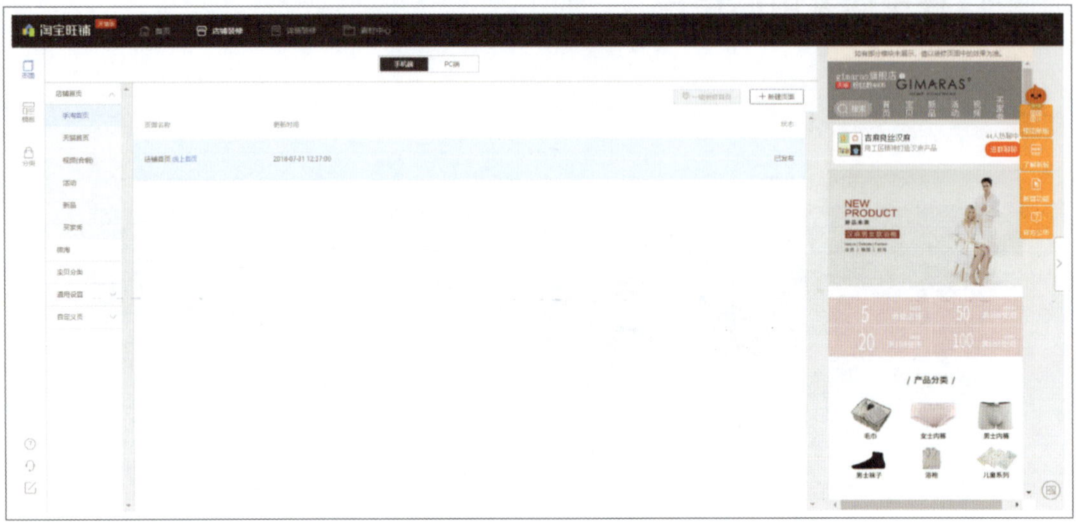


图 4-40　手机端界面

图 4-41　PC 端界面

我们选择 PC 端装修。

## 四、店招修改和图片轮播

这里简单介绍一下重要的两个板块——店招编辑和图片轮播。怎么修改，我们点击店招右上角的编辑按钮（见图 4-42）。

### 1. 店招编辑

我们的店招就是 GIMARAS（见图 4-43）。

图 4-42　修改店招

图 4-43　店招编辑

点击编辑，我们店铺的店招是通过代码生成的，总的来说，自定义的招牌可以发挥想象，自由设计，没有太多拘束。同时也可以放一些链接进去。默认招牌则需要手动上传合适大小的图片到图片空间，然后再上传（见图 4-44 和图 4-45）。

图 4-44　编辑界面

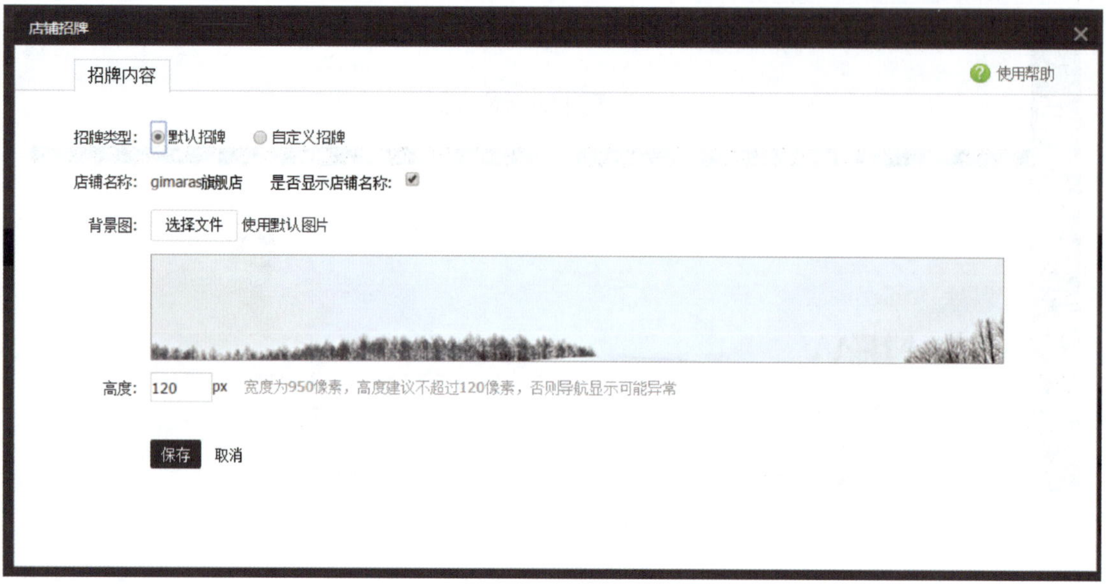


图 4-45　默认界面

注：导航栏也可以用代码生产。

视频：布局淘宝PC端首页

## 2. 图片轮播

图片轮播和店招差不多，我们点击右上角的“编辑”按钮。同理，轮播图也是采用代码生产的。这里一共放了 2 张自动轮播的图片，如图 4-46、图 4-47 所示。

图 4-46　轮播图 1

图 4-47　轮播图 2

一些重要的模块都在装修栏左侧，可以根据需要来挑选，可供挑选的内容详见图 4-48。

扫一扫

视频：促销模块轮播制作

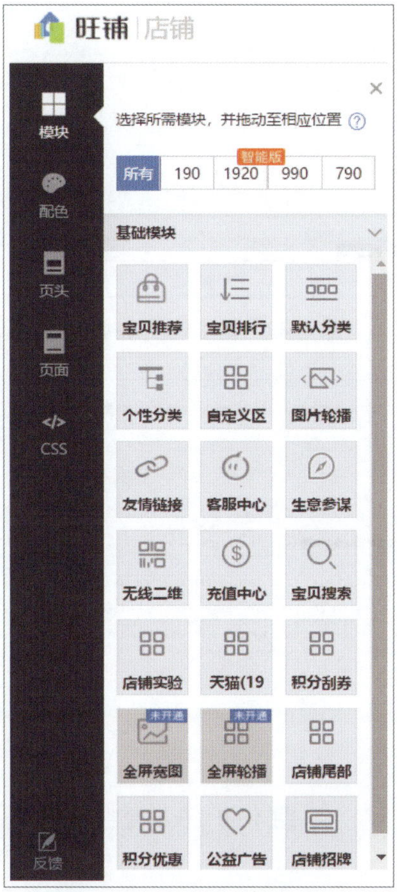


图 4-48　左侧模块

## 五、利用“码工助手”制作代码

（1）打开码工助手，在图片空间中复制要装修的图片链接，单击“添加链接”，即出现绿色的框，可以调整框的大小，框住想要链接的位置，加入链接地址；将所有链接放好后，点击“获取代码”，最后点击“复制内容”（见图 4-49 和图 4-50）。

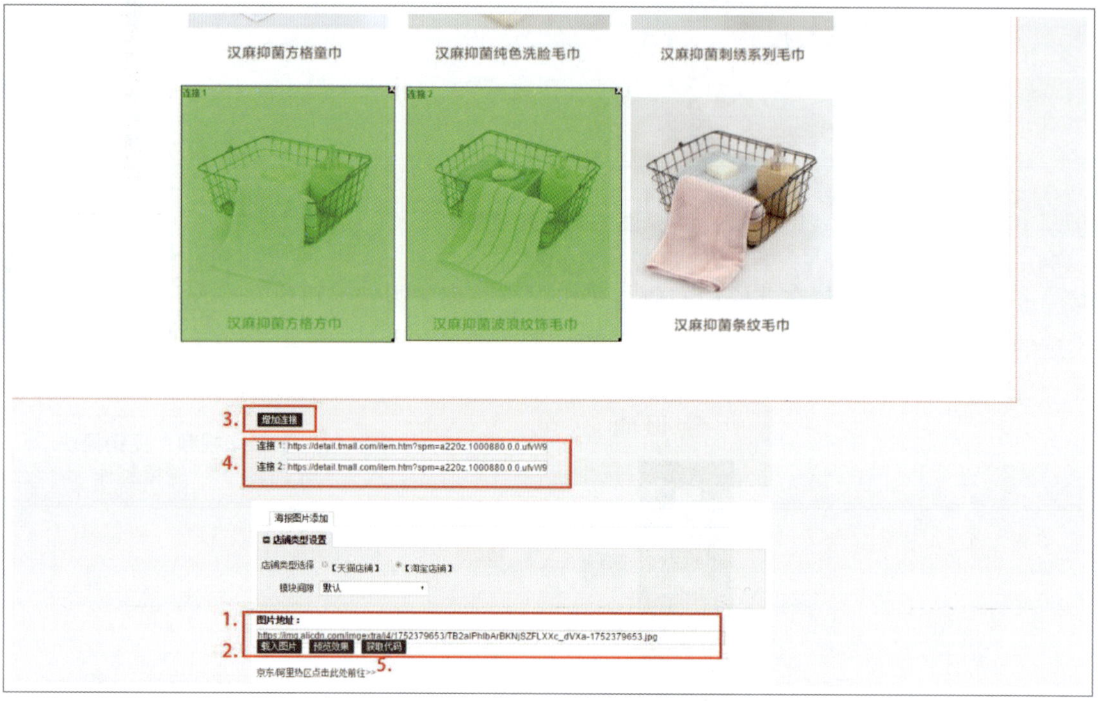


图 4-49　码工助手轮播编辑

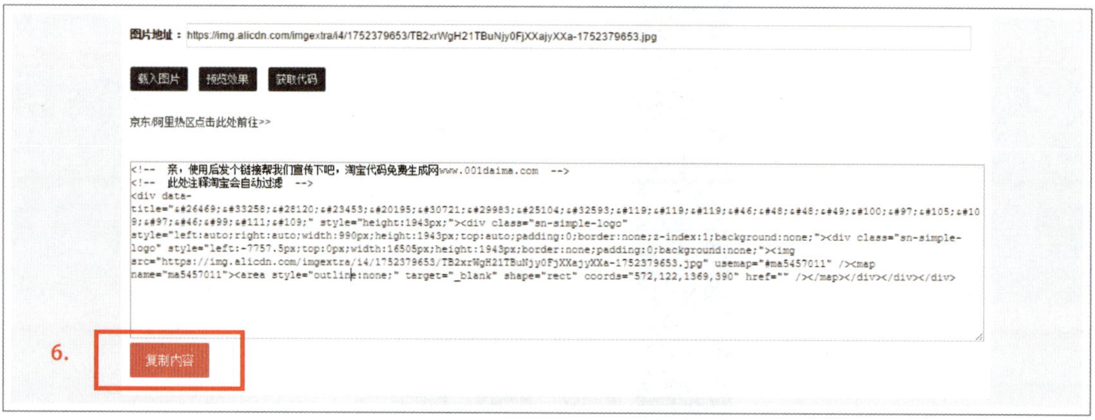


图 4-50　代码复制

（2）在店铺装修中添加自定义模块，将生成的代码放入相应模块中就完成了，如图4-51 所示。

（3）最后点击发布站点，一套完整的 PC 端装修就呈现出来了，如图 4-52 所示。

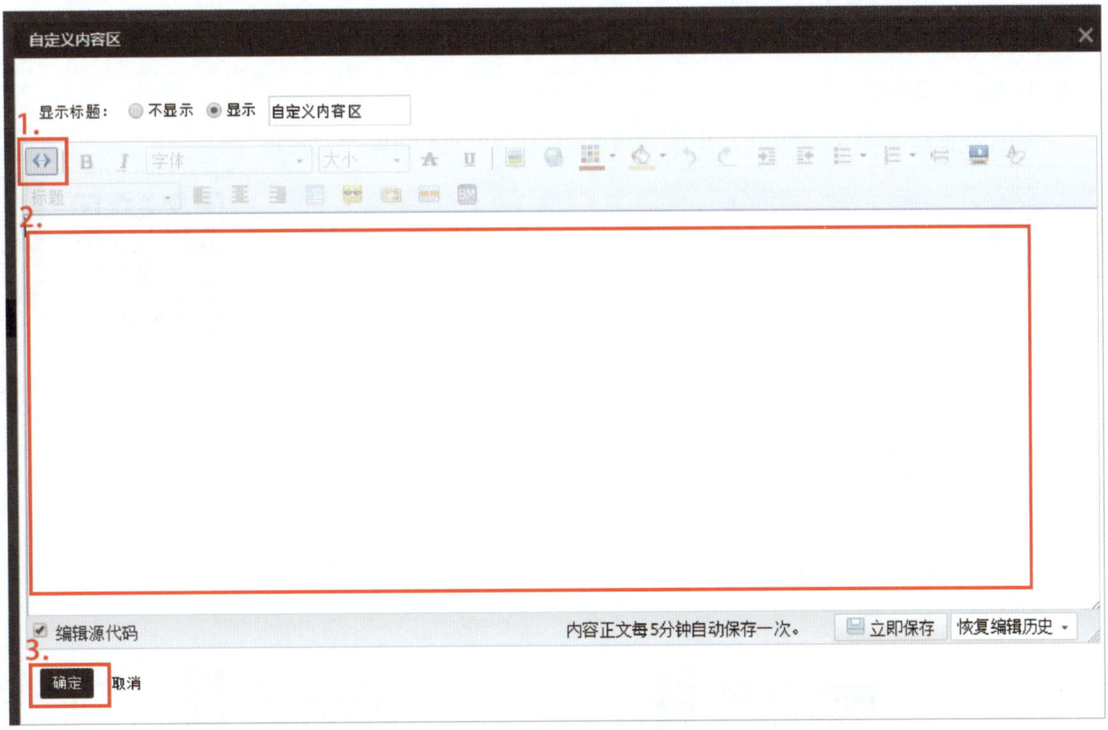


图 4-51　代码界面

图 4-52　预览

## 任务分析

PC 端首页宽度默认是 990px。

店招：中间真正的店招是 950×120px，算上页头背景是 1920×150px（页头背景图片大小不能超过 200k）。

详情页宽度默认为 790px，主图尺寸默认为 800×800px。

## 任务拓展

关联营销制作和移动端网店装修。

扫一扫

视频：全屏店铺装修

## 任务实训

为吉麻良斯企业店铺设计一个全屏首页，并进行装修预览（包括全屏店招、导航、海报、关联营销、产品等）。

扫一扫

视频：PC 端关联营销

扫一扫

视频：制作移动端电商网店首页

# 参考文献


［1］商玮．电子商务网页设计与制作［M］．2 版．北京：中国人民大学出版社，2016.

［2］傅俊．电子商务网页设计与制作［M］．北京：电子工业出版社，2016.

［3］方玲玉，刘娜．商务网页设计与制作［M］．北京：电子工业出版社，2020.

［4］Adobe 公司．Adobe Dreamweaver CS5 中文版经典教程［M］．北京：人民邮电出版社，2011.

［5］张晓景．DIV+CSS 3.0 网页样式与布局经典范例［M］．北京：电子工业出版社，2012.

图书在版编目（CIP）数据

商务网页设计与制作 / 沈烂主编 . －－ 北京 ：中国人民大学出版社，2022.1
新编 21 世纪高等职业教育精品教材 . 电子商务类
ISBN 978-7-300-30122-8

Ⅰ . ①商… Ⅱ . ①沈… Ⅲ . ①电子商务－网页制作工具－高等职业教育－教材 Ⅳ . ①F713.36②TP393.092

中国版本图书馆 CIP 数据核字（2021）第 279190 号

新编 21 世纪高等职业教育精品教材・电子商务类
商务网页设计与制作
主 编 沈 烂
副主编 聂爽爽 谢胡林
Shangwu Wangye Sheji yu Zhizuo

| | | | |
|---|---|---|---|
| 出版发行 | 中国人民大学出版社 | | |
| 社 址 | 北京中关村大街 31 号 | 邮政编码 | 100080 |
| 电 话 | 010－62511242（总编室） | | 010－62511770（质管部） |
| | 010－82501766（邮购部） | | 010－62514148（门市部） |
| | 010－62515195（发行公司） | | 010－62515275（盗版举报） |
| 网 址 | http://www.crup.com.cn | | |
| 经 销 | 新华书店 | | |
| 印 刷 | 北京瑞禾彩色印刷有限公司 | | |
| 规 格 | 185mm×260mm 16 开本 | 版 次 | 2022 年 1 月第 1 版 |
| 印 张 | 11.25 插页 1 | 印 次 | 2022 年 1 月第 1 次印刷 |
| 字 数 | 230 000 | 定 价 | 45.00 元 |

# 信息反馈表

尊敬的老师:

您好！为了更好地为您的教学、科研服务，我们希望通过这张反馈表来获取您更多的建议和意见，以进一步完善我们的工作。

请您填好下表后以电子邮件、信件或传真的形式反馈给我们，十分感谢！

## 一、您使用的我社教材情况

| | | | |
|---|---|---|---|
| 您使用的我社教材名称 | | | |
| | | | |
| 您所讲授的课程 | | 学生人数 | |
| | | | |
| 您希望获得哪些相关教学资源 | | | |
| 您对本书有哪些建议 | | | |

## 二、您目前使用的教材及计划编写的教材

| | | | |
|---|---|---|---|
| 您目前使用的教材 | 书名 | 作者 | 出版社 |
| | | | |
| | | | |
| 您计划编写的教材 | 书名 | 预计交稿时间 | 本校开课学生数量 |
| | | | |
| | | | |

## 三、请留下您的联系方式，以便我们为您赠送样书（限1本）

| | | | |
|---|---|---|---|
| 您的通信地址 | | | |
| 您的姓名 | | 联系电话 | |
| 电子邮箱（必填） | | | |

我们的联系方式:

地　址：苏州工业园区仁爱路158号中国人民大学苏州校区修远楼

电　话：0512-68839320　　传　真：0512-68839316

网　址：www.crup.com.cn　　邮　编：215123